GRIAN

EL MANANTIAL
DE LAS MIRADAS

EDICIONES OBELISCO

Si este libro le ha interesado y desea que le mantengamos informado
de nuestras publicaciones, escríbanos indicándonos qué temas son de su interés
(Astrología, Autoayuda, Psicología, Artes Marciales, Naturismo,
Espiritualidad, Tradición…) y gustosamente le complaceremos.

Puede consultar nuestro catálogo en www.edicionesobelisco.com

Colección Narrativa
EL MANANTIAL DE LAS MIRADAS
Grian

1.ª edición: febrero de 2024

Maquetación: *Isabel Estrada*
Diseño de cubierta: *Enrique Iborra*

© 2000, 2024, Grian
(Reservados todos los derechos)
© 2024, Ediciones Obelisco, S. L.
(Reservados los derechos para la presente edición)

Edita: Ediciones Obelisco, S. L.
Collita, 23-25. Pol. Ind. Molí de la Bastida
08191 Rubí - Barcelona - España
Tel. 93 309 85 25
E-mail: info@edicionesobelisco.com

ISBN: 978-84-1172-109-7
DL B 19799-2023

Impreso en los talleres gráficos de Romanyà/Valls S. A.
Verdaguer, 1 - 08786 Capellades - Barcelona

Printed in Spain

Prólogo

L a verdad es que no terminaba de hacerme a la idea de escribir una segunda parte de *El jardinero*. No me parecía honesto aprovecharme del éxito de aquel primer libro para recrearme en una nueva entrega de anécdotas y diálogos del maestro jardinero, en esta ocasión fuera del jardín, por los senderos y los caminos de su mundo más allá del espacio y del tiempo. Abandoné la idea, que apareció de forma espontánea dentro y fuera de mí, al poco de hacer unos tímidos intentos por ver cómo se sentía mi corazón ante la reanudación de la historia.

Me olvidé de aquello y, en los años siguientes, escribí otros dos libros, *Más allá del arco iris* y *El Camino de Santiago es el camino de la vida*. Casi me había olvidado del clima anímico que en mi interior había dado origen a *El jardinero* cuando inesperadamente, después de tres años, la voz que resuena en mi pecho, que no las voces del mercado, me dijo que tenía que volver al jardín.

El jardín de mi alma…, el jardín que alimenta mi esperanza…

He venido cultivando el arte de la esperanza en un mundo mejor insistentemente durante los últimos veinte años, sin dejarme vencer por la fatiga ni el desánimo, queriendo ver más la luz que nace en los corazones de los hombres que las penumbras de nuestros extravíos y mezquindades. No ha sido fácil –nunca es fácil el empeño de los locos–, aunque siempre he conseguido mantener la mirada limpia y la frente despejada. Pero en los últimos tiempos mi alma ha llegado a dudar ante el futuro incierto que nos dibujan los que se empeñaron en cambiar el mundo sin pulir antes sus corazones, y sin meditar primero en las consecuencias que sus actos pueden desencadenar con el transcurso de los años o de los siglos.

Por primera vez he llegado a sentir el desaliento y la desesperanza ante la idea de un mundo mejor, y me he llegado a preguntar si valía la pena tanta fe depositada en un sueño que, de año en año, parece difuminarse entre las sombras de la arrogancia y la estupidez humanas.

Ciertamente, necesitaba regresar al jardín.

Necesitaba regresar a ese lugar en donde no tienen cabida las transformaciones genéticas, nacidas del capricho de unas personas que pensaron que eran más inteligentes que la Vida, y decidieron en su soberbia que aquello que los había creado a ellos había diseñado mal al resto de las especies, puesto que no cumplían con determinadas «perfecciones» de producción o beneficios.

Necesitaba regresar al jardín para curar mis heridas, para no darme por vencido, para seguir alimentando la esperanza en el hombre, dueño de un jardín maravilloso que nunca supo valorar y amar.

Necesitaba regresar al jardín para volver a sacar de dentro de mí lo mejor que la Vida sembró en mi pecho, para ofrendárselo a la Vida de nuevo, para alimentar la esperanza dormida en el rumor de lo cotidiano, frente a los fantasmas y los delirios de una civilización que prefiere vivir entre hormigón y asfalto antes que entre pinos y robles.

Necesitaba regresar al jardín…

No es que antes, cuando escribí *El jardinero,* me negara a ver el lado oscuro de los seres humanos. Siempre fui consciente de ello, y de ahí nació mi anhelo por un mundo mejor.

No. No es que me negara a ver la oscuridad que hay dentro y fuera de mí. Simplemente, elevé mi voz para recordar que la luz de nuestro pecho es mayor que las sombras que a veces lo inundan, y que el jardín de la Vida sigue estando a nuestro alcance porque está dentro de cada uno de nosotros.

Necesitaba regresar a mi jardín.

Desde la lejanía del discurrir cotidiano volví a escuchar los cantos de las hadas, el rumor de mi amigo el Viento y el murmullo dulce del Manantial de las Miradas, y en un instante de paz frente al lago comprendí que tenía que volver al vergel que el jardinero había creado en mi alma para recordarle al hombre el paraíso que siempre guardó en su pecho.

El jardinero se fue, sí, y no sé si algún día volverá. Pero el jardín permanece, ofreciendo su paz a todo aquel que ansíe alcanzarla, inundando de luz a todo aquel que se atreva a caminar por sus senderos.

Yo también, al igual que tú, necesitaba volver al jardín del corazón…, necesitaba volver a contemplar mis ojos en el Manantial de las Miradas.

Grian
Chera, 8 de abril de 1999

El Manantial de las Miradas

Canta otra vez en mis oídos el arrullo dulce de tu tintineo de cristal, y devuélveme el aliento que se deslizó por entre mis dedos bajo las voces sordas de una multitud sin rostro y sombría. No permitas, te lo ruego, que la luz de mi mirada se apague en tu reflejo.

Tú y yo sabemos que tenemos que seguir cantando incansablemente nuestros himnos de esperanza. Tú, con el murmullo incesante de tus aguas; yo, con los rumores y alabanzas de mi alma enamorada.

Atrás quedará el desaliento de la mirada razonable y el mal sueño de los actores del olvido. Atrás las promesas ácidas de victoria sobre el dolor y la muerte que los tejedores de espejismos quisieron vendernos a las puertas de nuestro santuario.

Prométeme que no volverán a nublar la luz de mis ojos, que sus voces desafinadas no volverán a turbar mi amor y mi dicha de saberme vivo.

Y prométeme que, como el caballero del grial, jamás perderé mi derecho de linaje como hijo de las estrellas, para susurrar una y otra vez hasta la eternidad las palabras que en la derrota musitara mi pecho desolado...

«Sólo me queda la esperanza...».

«Sólo me queda la esperanza...».

El escondite

Una niña de ojos negros como la noche se asomó al Manantial de las Miradas. Se apartó el cabello delicadamente de la frente y buscó la Luna de sus ojos en el azul celeste de las aguas. Durante un instante eterno estuvo contemplándose en el espejo de la alberca, y luego, con una sonrisa, sopló dulcemente sobre la imagen reflejada de su rostro, disolviéndolo en un centenar de suaves ondas plateadas.

—Te he descubierto –dijo en un susurro mientras elevaba la vista al cielo.

Y dando media vuelta volvió corriendo con su madre.

—¿Qué hacías, hija, asomada a la alberca del manantial? –preguntó la madre dulcemente.

—Estaba jugando al escondite –respondió ella.

La niña se aferró a la mano de su madre y tiró de ella hasta que pudo contemplar la imagen de ambas en el espejo plateado de las aguas.

—¿Y has descubierto a alguien aquí? –volvió a preguntar la mujer a través del inquieto reflejo de su imagen.

—Sí –dijo la niña–. He descubierto al que le enseñó al jardinero a plantar las rosas y a cuidar de los árboles.

Y acercando su rostro al espejo del agua, susurró con una sonrisa:

—Es muy tonto. Se quería esconder en mi mirada.

El nuevo jardinero

Con la llegada de una nueva primavera, el jardín volvió a estallar en promesas de vida y crecimiento, elevando al cielo sus ofrendas de aromas y colores.

Los tiernos retoños de los árboles se estiraban decididos en el aire terso de la mañana, trazando con su impulso las mareas invisibles de la tierra a través de su especie. Aquí y allí ofrecían el apeadero verde tierno de sus hojas a los insectos que, poblando el cielo de rumores, se atareaban saltando y danzando por entre vástagos y flores.

Una calma densa parecía colmarlo todo desde ninguna parte, una paz que parecía nacer de todos y cada uno de los átomos y los instantes de la creación.

El aprendiz, que aquella mañana se había desvelado con el alba, contemplaba en silencio el espectáculo de la Vida. Hacía ya un año que había partido el jardinero, pero el jardín había vuelto a brotar con todas las fragancias de su alma, como si quisiera rendir un silencioso homenaje al hombre que tanto amor había puesto en sus rincones.

El aprendiz sonrió al cielo.

—¿Por dónde te llevarán tus pasos, loco obstinado? –murmuró para sí.

Él era ahora el nuevo jardinero. Había sido él el que había afinado y dispuesto los instrumentos vivos del jardín, el que los había templado por texturas y colores para que, llegado el momento, pudieran lanzar al firmamento las notas alegres de su concierto de primavera.

Se sentía orgulloso al contemplar el resultado final de la obra, aunque sabía que su contribución había sido la de un mero colaborador del orden natural, tal como le había explicado el jardinero en más de una ocasión.

—No somos nosotros los que creamos la belleza del jardín –le había dicho–. Eso es obra de Dios y de la naturaleza. Nosotros no somos más que ayudantes silenciosos, observadores maravillados y activos de la exuberante belleza de la Vida.

Sí, el jardín latía con el pulso de la Vida un año después de la partida del maestro, y el aprendiz sabía que, con ello, se había graduado como jardinero. Y también sabía que, al igual que aquel que le enseñó, él no era más que un órgano, importante, sí; pero un órgano más al fin y al cabo, de ese inmenso ser vivo dotado de alma y espíritu que era el jardín.

El arte de la jardinería

Un hada y un duende observaban desde las frondas de un helecho al aprendiz, hechizado en medio de la mañana ante la contemplación del vergel.

—No lo ha hecho mal, ¿verdad? –le dijo el hada al duende.

—No, no lo ha hecho nada mal –respondió éste–. Aún no tiene la maestría del jardinero; pero creo que, con los años, alcanzará su destreza.

Los dos seres guardaron silencio mientras volvían a observar al aprendiz con detenimiento. Y así estuvieron durante un buen rato, hasta que, con un repentino arrebato de indignación, el hada estalló:

—Y si está haciendo su trabajo tan bien, ¿por qué sigue siendo incapaz de vernos?

El duende se volvió sorprendido hacia el hada y la miró sin decir nada. Luego, como en un destello de lucidez, sonrió y contestó:

—Porque hasta ahora sólo ha aprendido la técnica de la jardinería. Va a necesitar más tiempo para aprender el arte de la jardinería.

La imagen de la creación

Un joven de mirada soñadora apareció un día en el pueblo preguntando por el jardinero. No tuvo que caminar mucho para saber que el jardinero ya no estaba allí, que hacía ya un año que había desaparecido por el mismo camino que le había visto llegar, y que nadie sabía a ciencia cierta las razones de su partida. Unos le dijeron, levantando el dedo como en una sentencia, que probablemente estaba huyendo de la justicia por algún delito cometido con anterioridad a su llegada al pueblo; otros, más sosegados, decían que, seguramente, algún familiar rico le habría dejado una herencia en algún lejano país; y otros, sin poder ocultar una sonrisa maliciosa, especulaban que quizás habría sido un desengaño amoroso el que le había hecho buscar otro hogar para su alma atormentada.

Al final, confuso ante tan dispares conclusiones, el joven pidió que, al menos, le indicaran el camino hacia el jardín, para así poder sentir a aquel enigmático personaje, aunque sólo fuera a través de su obra.

El jardín le recibió con el soplo húmedo y perfumado de su atmósfera, invitándole a vagar por sus senderos y a buscar los rincones umbríos de su ser. Se entretuvo en algunos de ellos y, luego, ya entrada la mañana, deambuló por las inmediaciones del arroyo, deteniéndose de cuando en cuando para aspirar el aroma de una flor o para contemplar la danza del Sol en las piedras húmedas y redondeadas por la corriente. Por fin, al doblar un sendero que se alejaba del arroyo en la parte alta se encontró con el aprendiz que, sudoroso y reluciente bajo el Sol, estaba levantando la tierra con la azada.

—¿Eres tú aquel que dicen que aprendió del jardinero el arte de las flores y de las plantas, del cuidado y el amor de los árboles? –le interrumpió el joven con la ingenuidad de un niño.

—Si te refieres a si fui yo su aprendiz, sí, lo fui –respondió el aprendiz dejando su trabajo.

El joven de la mirada soñadora bajó la cabeza con un gesto triste, y luego, mirando de nuevo a los ojos al aprendiz, continuó:

—Venía buscando al jardinero. En mi tierra oí hablar a un viajero de su sabiduría, y pensé que, después de ayudar a mi padre con la siega y de recibir sus bendiciones, podría venir hasta él para beber de la fuente de su conocimiento. Pero ya veo que no he tenido la misma suerte que te sonrió a ti.

El aprendiz esbozó una sonrisa de afecto, dejó la azada apoyada en una roca y, limpiándose la tierra de las manos en un trapo sucio, le pidió que le acompañara hasta una elevación cercana desde la cual se divisaba una gran parte del jardín.

—En el pueblo no han sabido decirme dónde ni por qué se fue –prosiguió el joven–. Unos dicen que huía de la justicia, otros que había heredado algo en algún país lejano y otros que había sufrido un desengaño amoroso, y que ésa era la razón de su ausencia.

El aprendiz soltó una sonora carcajada, y algo en su interior se sorprendió al darse cuenta de lo mucho que se había parecido su risotada a aquéllas con las que solía estallar en su regocijo el jardinero.

—Nada de todo eso –le dijo al joven cuando se recobró–. Las personas siempre buscan razones para lo que no comprenden, y quizás las razones que buscan sean coherentes con las que les hubieran llevado a ellas a tomar una decisión como ésa.

El aprendiz hizo una pausa y bajó la cabeza con una sonrisa triste.

—Los que no han aprendido a escuchar a su corazón no pueden conocer ni comprender las razones que llevaron al jardinero a abandonar su jardín y a buscar su sendero en lejanas tierras.

—Entonces, ¿tú sabes dónde está? –preguntó el joven con una expresión de esperanza.

—No. No sé a dónde ha ido –respondió el aprendiz con ternura–. Nadie sabe qué horizontes han recibido el calor de sus pisadas.

El aprendiz posó su mano en el hombro del desilusionado joven y le invitó a sentarse a los pies de un gran pino que dominaba con sus gruesas ramas aquel mirador privilegiado.

—Pero lo que buscas lo puedes encontrar igualmente en el jardín –continuó, invitándole con un gesto a contemplar las enormes extensiones del vergel.

—¿Cómo puede ser eso? –preguntó extrañado el joven soñador–. ¿Cómo puede la creación enseñar lo que sólo sabe su creador?

—Porque el jardinero hizo su jardín a imagen de la creación, siguiendo los planos que la Vida le había mostrado en las sigilosas cañadas, en el murmullo cristalino de los arroyos y en las brisas melodiosas de las montañas.

»El jardín es como un libro: abierto para los que abren su corazón a la comprensión de lo que la Vida quiere mostrarles, cerrado para los que se alejan de ella al amparo de los paraísos de barro que inventaron los hombres.

El aprendiz guardó silencio por un instante mientras su mirada se perdía en la lejanía.

—Los hombres pasan –continuó–, pero la Vida permanece. Y así también el jardinero se fue, como se fueron las rosas que mimaron sus manos y los lirios que recibieron sus caricias. Pero quedó el jardín; la imagen sensible de tu corazón, de mi corazón, animado por el fuego inextinguible de la Vida que somos desde los confines de la eternidad.

»No lamentes el no haber encontrado al jardinero, pues las palabras del jardinero no eran más que el reflejo de la Vida contemplada en las frondas del jardín.

Un nuevo hogar

El joven de la mirada soñadora se quedó a vivir con el aprendiz en la cabaña. Había espacio suficiente para los dos, y el aprendiz pensó que entre dos hombres jóvenes sería más fácil cuidar el jardín. Así había sido durante los años en que él mismo fue instruido por el jardinero. Y, por otra parte, su compañero podría aprender allí todo lo que él había tenido la suerte de aprender con su maestro.

Pronto se familiarizó el novicio con la geografía y la vida del jardín. Aprendió a amar todos sus hitos y recodos, desde el estanque hasta el gran roble, desde el arroyo cantor hasta el pozo junto al albaricoquero. Y aprendió a deleitarse con los rasgos de su presencia, aquellos que le daban su carácter y su razón de ser: las fragancias de la albahaca, la ajedrea, la salvia y el tomillo; el perfume de las lilas, el jazmín y las violetas; el tacto amable del tronco del abedul y el áspero abrazo de las hojas de los rosales; el verde apasionado de los brotes nuevos de los pinos y el brillo plateado de los olivos en las noches de Luna.

También se familiarizó con los lugares de los alrededores del pueblo y del jardín, con el barranco de las tierras rojas, el valle del tejo y la montaña, con el pino del despeñadero y con el lago.

Pero por encima de todo amaba el rincón del Manantial de las Miradas. Se deleitaba en la paz de sus reflejos, y se pasaba las horas escribiendo o meditando, con la espalda apoyada en la piedra de la alberca.

Muchas noches le descubrió allí el aprendiz, contemplando la Luna y las estrellas; unas veces con el alma puesta en el cielo, otras con la mirada suspendida en la Luna de su acuático espejo.

El joven de la mirada soñadora encontró su hogar en el jardín... y el jardín lo estrechó en su abrazo para darle la bienvenida.

La carta

Aquel hombre apareció un atardecer por los senderos del jardín. Su porte le señalaba como a alguien favorecido por la fortuna, pero en sus ojos se apreciaba el delirante oleaje de un alma atormentada. En una mano llevaba una carta lacrada. En la otra, oculto, un pequeño frasco. Y en su andar se adivinaba el paso lento pero decidido de la determinación.

En la deriva de su alma, el sendero le llevó hasta un rincón donde el aroma dulzón de una higuera daba el contrapunto fragante a la música de aguas y rocas del arroyo. Allí detuvo sus pasos, mirando el suelo delante de sus pies, absorto, ausente de tanta belleza como reinaba a su alrededor.

Buscó un lugar en medio de la espesura, una piedra grande sobre la que sentarse, y allí se quedó durante un largo rato observando el sobre cerrado de la carta que sujetaba entre sus dedos.

El viento sopló delicadamente por entre las hojas, una leve brisa acarició su rostro, pero el hombre no reveló ni el más leve signo que indicara que la hubiera percibido.

De pronto, cerca, muy cerca de él, comenzó a escuchar el canto de un ruiseñor.

El hombre no pudo ignorar sus trinos y, olvidándose de la carta, cerró los ojos para escuchar con todo su ser las melodías y armonías de su canto.

Así estuvo durante largo tiempo, embebido en los matices sinuosos del trino que inundaba el lugar, meciendo su alma con las cadencias y giros de aquel gentil intérprete. Y lentamente, muy lentamente, una débil sonrisa se esbozó en su rostro atormentado.

Después de una eternidad, el hombre abrió los ojos poco a poco y, levantando la cabeza, intentó descubrir el lugar de donde provenía la hechizante melodía. Alcanzó a atisbar un movimiento leve entre las hojas, pero no conseguía descubrir a aquella ave que tanto se resistía a abandonar el escenario de su concierto. Rebuscando con la mirada entre el follaje, sin querer moverse del lugar en el que se encontraba por no ahuyentar a su pequeño acompañante, vio por fin la frágil silueta de un pájaro, con la cabeza elevada al cielo, entonando su canto como si elevara un himno de alabanza a la Vida.

Se quedó mirando al pequeño animal como si fuera la primera vez que veía un ruiseñor, y entonces se dio cuenta de que se apoyaba en la rama con una sola pata. De la otra no quedaba más que un pequeño muñón que, de vez en cuando, apoyaba para cambiar su posición.

El hombre bajó la cabeza y se puso a llorar, como un niño al que le hubieran quitado a su madre, como un hombre que llevara un milenio escondiendo sus lágrimas en los arcones del olvido. Y su llanto se fundió con las cadencias graves del ruiseñor que, misteriosamente, parecía entonar ahora lamentos tristes y melancólicos.

Lloró y lloró hasta que se hizo de noche, con un llanto amargo y profundo, rendido su pecho, desarmado ante las acometidas del dolor. Y mientras, el ruiseñor seguía acompañándolo con los cálidos lamentos de sus trinos.

Entró la noche y se hizo madrugada, entregándose al fin el ave al sueño, y el hombre abandonó la espesura en silencio, sumido en los misterios de su alma.

Bajo la luz ámbar de una Luna recién amanecida, el hombre echó su carta en el estanque y regresó a su hogar.

Las aguas del estanque

Cayó el silencio como un impalpable manto, como si hubiera estado esperando un resquicio entre los sueños de los mortales. La callada presencia de las estrellas descendió con el rocío sobre la vida inerte del jardín, y el vacío dominó el reino que, instantes antes, gobernara el dolor.

El dolor. Desvanecido en la inmensidad del espacio…

¿Acaso es real esa pesadilla, ese espejismo obstinado que nos muerde las entrañas con furia y que no podemos apartar de nosotros?

Dímelo tú, Luna. Tú que entiendes de ensueños. Tú que has visto los sueños y las pesadillas de toda una humanidad cabalgando las estelas de los milenios.

¿Es acaso real ese dolor que nos hace desear la inexistencia? ¿O no es más que otra parte del sueño de la vida, el rostro amargo del espejismo en el que viven los que no se dan cuenta de que su verdadera faz es la del universo todo, la de la Vida?

¿Qué es el dolor?

¿El tributo que debemos pagar por entregarnos en brazos de la inconsciencia? ¿Sólo eso?

¡Y es tanto!

Hay que despertar…

Hay que despertar de este mal sueño.

Las aguas del estanque contienen el aliento. Sobre su tersa superficie, una carta empapada se hunde en la oscuridad de sus profundidades.

La adivinanza

—Si echas una piedra en el estanque, ¿cuántas ondas saldrán en el agua? –preguntó la niña de los ojos negros al aprendiz.

Éste, sentado en una roca a orillas del estanque, se volvió hacia la niña que, desde detrás de su hombro, le intentaba sorprender con su adivinanza.

—No sé. ¿Siete? ¿Ocho?

—No –respondió la niña con una sonrisa pícara.

—¿Diez?… No sé… ¿Cuántas? –se rindió por fin el aprendiz entre risas.

La niña hizo un gesto de satisfacción.

—La respuesta es «muchas».

—¡¿Muchas?! –exclamó el joven.

—Sí. Muchas.

—¡Qué adivinanza más rara…! –dijo el aprendiz–. Ésa no es una respuesta para una adivinanza.

—Sí, sí que lo es –insistió la niña.

—¿Por qué?

La niña de los ojos negros adoptó un aire serio.

—Porque si te pones a contar cuántas ondas salen en el agua al echar una piedra en el estanque, dejas de prestar atención a lo que de verdad es importante.

—¿Y qué es lo importante? –preguntó intrigado el joven.

—¡Pues eso! —respondió con impaciencia la pequeña—. ¡Las ondas en el agua!

Hubo un silencio. El aprendiz volvió a mirar la superficie opaca del estanque, mientras se preguntaba perplejo de dónde sacaba aquella niña unas ideas tan... tan... ¿cómo lo diría?

—Oye. —Se volvió de nuevo hacia la niña—. ¿Y de dónde te has sacado tú esa adivinanza?

La niña mostró su hermosa sonrisa, mientras un brillo en sus ojos indicaba que estaba esperando la pregunta.

—Ésa me la enseñaron las hadas del jardín.

Al aprendiz se le cayó la sonrisa, mientras la niña se levantaba y se iba dando brincos por el sendero.

La búsqueda

Llegaban los días en que el Sol de la tarde se desangraba en destellos con el agua cristalina de las fuentes. La agradable temperatura primaveral invitaba a pasear, y una mujer del pueblo, cansada de las cuatro paredes de su casa, salió a los caminos y se adentró por los senderos del jardín. Sus pasos la llevaron hasta el Manantial de las Miradas, y allí se encontró con el joven que, por lo que sabía, vivía ahora con el aprendiz.

Se saludaron tímidamente y, después de un rato de silencio bastante incómodo, la mujer intentó entablar conversación.

—He sabido que también tú vives aquí ahora, en la cabaña del jardín.

—Así es, señora –respondió el joven–. El aprendiz del jardinero fue muy generoso conmigo. Yo no tuve la suerte que tuvo él, la de aprender directamente de su maestro, pero me ofreció un lecho en su cabaña para que descubriera en el jardín lo que no pude aprender del que lo creó.

La mujer guardó silencio por unos instantes observando al muchacho con curiosidad. Luego, se sentó en el borde de la alberca y, refrescándose la mano en el agua viva del manantial, preguntó:

—¿Por qué tenías tanto interés en conocer al jardinero? ¿Qué es lo que buscas tan lejos de tu casa?

El joven de la mirada soñadora bajó la cabeza, al tiempo que esbozaba una serena sonrisa.

—A lo que busco realmente no creo que pueda darle yo un nombre –contestó–, aunque quizás algunos lo llamarían Sabiduría, y otros Dios. Lo que busco no pertenece al ámbito de las preocupaciones cotidianas, ni a las luchas y esfuerzos de lo que se suele buscar en el mundo. Mi búsqueda es intangible e incierta, porque las señales indicadoras de sus senderos son sólo visibles al alma. Es ardua y apasionada, porque siento que, sin la suficiente determinación, jamás alcanzaré mi recompensa. Y también es dolorosa para el alma, que anhela alcanzar un tesoro que no puede imaginar pero que presiente inextinguible.

»Es ella, mi alma, la que me pide este esfuerzo, a pesar de las aflicciones que traen el desarraigo y la extrañeza, a pesar del dolor de la incomprensión y el abandono. Es ella la que me hizo ausentarme de mi hogar y la que me trajo aquí.

—Pero, siendo joven como eres, ¿no has pensado en la posibilidad de formar un hogar, con una mujer joven, como tú, que dé vida a tu corazón y a tus días?

—Oh, claro que lo he pensado –dijo el joven sin poder ocultar su timidez–, pero para eso aún tengo mucho tiempo, si es que realmente mis pasos han de seguir ese sendero. No es por ahí por donde yo busco la felicidad, pues siento que no debo basarla sobre otra persona. Quiero establecer mi felicidad sobre la roca de mi pecho, sobre unos fundamentos sólidos de los que sólo mi alma sea responsable, porque, de lo contrario, terminaría echando la culpa sobre los demás de mi desdicha y mi vacío. Soy yo el que debe encontrar la fuente inagotable de la paz no en otra persona, sino en mí mismo. Luego, ya la compartiré con quien desee estar junto a mí.

Se hizo el silencio entre los dos, y el golpeteo amable del agua se adueñó de sus almas. La mujer bajó los ojos mientras esbozaba una sonrisa, jugueteó con los dedos en el agua y, levantando de nuevo la vista hacia el muchacho, le dijo:

—Me parece que no necesitas un maestro, que no tenías verdadera necesidad del jardinero.

El joven de la mirada soñadora sonrió halagado y respondió:

—Todo viajero que se adentra en una tierra extraña necesita del consejo de aquel que ya ha recorrido sus senderos.

Conversaciones

D esde que partiera el jardinero, la pequeña planta que crecía junto a la puerta de la cabaña y por la que tanto cariño sintiera aquél, se había ido debilitando lentamente.

El aprendiz había intentado ayudarla de mil formas posibles, pero la planta no parecía querer reaccionar y, llegada la primavera, no había dado sus habituales flores blancas.

Al final, el aprendiz se había rendido a la evidencia de que aquel pequeño ser no tenía intenciones de vivir estando ausente el hombre que conversara con ella en las amables noches del estío, de modo que, con todo el pesar de su corazón, decidió abandonarla a su suerte.

Semanas después, cuando la primavera comenzaba a ceder ante los primeros embates del verano, se dio cuenta de que la pequeña planta parecía estar recobrando su lozanía. Incluso, vio apuntar los primeros signos de la floración, una floración tan tardía como impensable, pero no menos real.

El enigma de lo sucedido persistió hasta una tarde en que, al volver a la cabaña, se encontró con la niña de los ojos negros. Sentada en el suelo, delante de la pequeña planta, conversaba con ésta como si de otro niño de su edad se tratara.

—¿Qué estás haciendo? –le preguntó el aprendiz a la niña.

—¿No lo ves? –respondió ésta–. Estoy hablando con la planta.

El aprendiz se sintió un tanto incómodo.

Sí, él recordaba haber visto al jardinero hablando con plantas y árboles, incluso en varias ocasiones su maestro le había animado a hacer lo mismo, pero nunca acabó de tomarse en serio aquello de hablar con alguien que no le puede responder a uno…

—Sí que responden –interrumpió la niña su discurso mental–. Lo que pasa es que tú no las puedes oír todavía.

—¿Qué? ¿Cómo…? –exclamó el aprendiz abriendo los ojos asombrado–. ¿Co… Cómo has podido saber lo que estaba pensando?

La niña hizo un mohín de impaciencia.

—Me lo ha dicho la planta –dijo–. Ella sí que sabe lo que piensas.

El aprendiz se quedó mudo de estupor, con la confusión reflejada en el rostro.

—¡No te quedes con esa cara de bobo! –continuó la niña–. Lo que tendrías que hacer es hablar más con las plantas y los árboles del jardín, empezando por ésta. ¿No te dabas cuenta de que se estaba muriendo de pena porque necesitaba hablar con alguien?

Después de aquello, durante varios días, el aprendiz estuvo meditando sobre lo sucedido con la niña. Lo valoró y lo comparó con lo que le había dicho el jardinero en voz baja en un par de ocasiones que recordaba bien. Éste le había dicho que terminaría hablando con robles y olivos, con violetas, prímulas, lirios, romeros, rosales y lilas; e incluso con los peces del estanque y las piedras del arroyo.

«Quizás fuera uno de los secretos del buen hacer del jardinero –pensó–. Quizás…».

Poco después, tímidamente, el aprendiz comenzó a balbu-
cear palabras en presencia de árboles y plantas.

Interrupción

Una mañana de verano rumorosa y apacible, estaba el aprendiz sentado delante del inmenso tronco de la gran encina, gesticulando y hablando con ella como si lo hiciera con un antiguo amigo.

Estaba tan entregado a su conversación que no se percató de la llegada del que, desde hacía varias semanas, era su compañero en la cabaña. Súbitamente, oyó un ruido detrás de él y, cuando se volvió, se encontró con la tranquila mirada del joven soñador.

—Eh... Oh... ¡Bueno! ¡Hola...! ¡Yo...!

El aprendiz trastabillaba con sus palabras sin encontrar la forma de explicarle a su nuevo amigo lo que estaba haciendo.

—En fin..., yo...

—Perdona –le dijo de pronto el joven soñador con la mayor sinceridad–. No sabía que estabais conversando. Siento haber interrumpido.

Y dando media vuelta se alejó por donde había venido.

El aprendiz enarcó una ceja durante unos instantes y se quedó observando a su compañero mientras se alejaba. Luego, relajándose de nuevo, se volvió hacia la encina y le dijo:

—Me parece que todos lo ven natural... menos yo.

La gran encina

Llegó la tarde. Y, con la tarde, el silencioso ocaso en el claro de la gran encina. El aprendiz se puso en pie y, acercándose al inmenso árbol, dijo:

—Déjame que te abrace, vieja encina. Deja que acaricie tu piel rugosa y áspera, surcada de tantos atardeceres como los siglos te han permitido contemplar.

»Deja que mi pecho se funda en tu tronco, que mi mejilla dé piel a tu rostro, y permíteme contemplar la luz de los recuerdos de una era alzando tus brazos al viento.

»No sé si mi alma alcanzará algún día a comprender el lenguaje que sólo las aves y los niños comparten contigo, pero déjame al menos que sienta en tu abrazo el calor de tu espíritu paciente, la paz de los seres que contemplan los días desde las alturas solitarias del tiempo.

»Si algo de tu espíritu pudiera llevar conmigo, si tu alma me diera una prenda de tu presencia silenciosa, quizás podría disipar la ignorancia de los necios, que sólo ven en ti madera y sombra, de los que se creen reyes de la creación, y se condenan así a la soledad del sordo, que no sabe que el universo entero le escucha.

»Déjame que te abrace, vieja encina. Deja que mis sueños se fundan con tus sueños, para que mi alma descubra la profundidad de tu existencia.

Aquel día, el aprendiz comenzó su instrucción en el arte de la jardinería.

Una invención infantil

L a niña de los ojos negros estaba conversando animadamente con dos diminutas hadas de alas de mariposa en los alrededores del estanque, mientras su madre y una amiga descansaban a la sombra de unos jóvenes robles cercanos.

—Me parece que están hablando de ti –le dijo una de las hadas a la niña.

—¡Callad! Vamos a escuchar lo que dicen –dijo la otra, mientras agitaba con fuerza las alas.

La niña, sin volverse a mirar, prestó atención a la conversación de las mujeres.

—Estoy segura de que tu hija está hablando con alguien –escuchó a la amiga de su madre–. No me digas que es de esos niños que tienen amigos invisibles.

—Bueno –se intentó excusar la madre–, ya sabes que a los niños les gusta inventarse cosas y que tienen una enorme imaginación…

La niña de los ojos negros levantó las cejas mientras miraba a las hadas con una expresión de desaliento; luego, cerró los ojos y, al abrirlos de nuevo, les dijo a sus amigas:

—Ya sabéis. A partir de ahora vais a ser una invención mía.

Otra invención

Con las últimas luces del día, las dos pequeñas hadas iban de vuelta a su hogar entre las flores.

—¿No te preocupa que nos consideren una invención de la mente de una niña? –preguntó una de ellas.

—En absoluto –respondió la otra.

—¡¿No te preocupa que duden de tu existencia?! –insistió con sorpresa la primera.

—¡Nooo! –respondió la segunda con un gesto de suficiencia–. ¿Qué más da ser realidad o imaginación? ¿No te das cuenta? Sea en un mundo o sea en el otro, la cuestión es que no por ello dejas de existir.

Hizo una pausa y añadió:

—¡Qué importancia tiene lo que piensen los realistas!

El libro de los sabios

Con las manos enlazadas en la espalda, el joven de la mirada soñadora paseaba por la vereda de las lilas en compañía de uno de los que fueron amigos del jardinero.

Su interés por el hombre al que hubiera deseado tener por maestro le había llevado a buscar la conversación con aquellos que le habían conocido más de cerca, preguntándoles por anécdotas y diálogos mantenidos con él, con la esperanza de cosechar todos los frutos posibles del tiempo pasado en aquellas tierras.

—El jardinero era un hombre normal y corriente –decía el amigo–. No mostraba la gravedad de los doctos, ni la mansedumbre dulzona que muchos esperan en los que creen cercanos a Dios. Podía ser grave cuando lo pedían las circunstancias o cálido y afectuoso cuando alguien necesitaba el abrazo de un amigo. Pero también era divertido y bromista, silencioso en ocasiones y locuaz en otras, y, como todo el mundo, mostraba a veces sus dudas y sus tristezas.

»Era un hombre normal en todos los aspectos –añadió con una sonrisa–. Aunque es cierto que había algo extraño en él que no le pasaba desapercibido a nadie. A unos les provocaba rechazo, a otros miedo, a otros respeto, pero a los más simpatía y atracción. Unos te dirán que ese algo extraño era su transparencia, otros que su luz… Yo creo que él se reiría de todo eso y te diría, simplemente, que era un ser humano, con sus virtudes y sus defectos, un ser humano que buscaba fundirse con la Vida.

El joven soñador mantenía la mirada fija en el camino, sumergido en su imaginación, dándole cuerpo y dimensión a todo lo que estaba escuchando de aquel hombre.

—Sé que has venido buscándole para aprender de él –continuó el hombre–, y que ha sido una desilusión para ti no haberle encontrado. Pero, conociéndole como le conocí, tengo por seguro que te habría dicho que él realmente no te hacía ninguna falta, que todo lo que te hubiera podido enseñar estaba ya a tu alrededor.

»Él decía que toda la sabiduría, todos los secretos y los misterios de la existencia se encontraban a la vista, en la naturaleza, y que ése era el motivo por el que había tan poca gente que los descubriera, pues pocas personas podían llegar a creer que todo fuese tan visible, abierto al estudio y la contemplación de todos.

»Decía que la naturaleza es el libro mudo de los sabios, que en ella está todo lo que un hombre puede aspirar a conocer. Y fue siguiéndola a ella como hizo el jardín, concentrando las especies, las fragancias, los colores, las texturas en un solo vergel; disponiéndolo todo según un sistema armónico y natural; intentando llevar a su culminación a la naturaleza, pero sin pretender jamás que hubiera algo malo o erróneo en ella.

»Decía que jamás había que doblegar a la naturaleza según nuestros caprichos, sino más bien colaborar con ella para que perfeccionara sus frutos, y así, beneficiarnos mutuamente todos los seres.

El hombre calló por un instante y dejó vagar su mirada por el jardín, como recordando los momentos pasados junto al jardinero en aquel mismo escenario.

—¿Y si uno no entiende el lenguaje de la naturaleza? –rompió el silencio el joven–. ¿Qué puedo hacer si no sé leer este libro de los sabios que el jardinero concentró en el jardín?

El hombre sonrió, y en su mirada se reflejó la simpatía que despertaba en él el anhelo sincero de aquel joven.

—No lo sé, muchacho –dijo al fin–. No soy yo el jardinero.

El joven bajó la cabeza con un gesto que denotaba que comprendía la situación. El hombre lo observó por unos instantes y, compadeciéndose de él, continuó:

—El jardinero me dijo una vez algo muy hermoso, y que recuerdo casi palabra por palabra.

El joven levantó el rostro intrigado, y el hombre, adoptando un aire grave, dijo:

—El buscador sincero y tenaz siempre recibe ayuda. Y es el mismo Dios, el Ser, el que da las claves del entendimiento a quien, desde lo profundo de su alma, desea unirse a la grandiosa danza de la Vida.

Otoño

Llegó el otoño. Las hojas amarillas de los arces se enrolaron a millares en las frenéticas cabriolas de los vientos del poniente, elevándose a los cielos en medio del delirio de su danza con los silfos.

El sentido de su muerte y su caída del árbol que les dio la vida se cinceló en su nebulosa conciencia, al contemplar la alfombra viva que su sacrificio iba a dar a la floresta.

El espíritu del viento sonrió desde su trono en las colinas. La guadaña de la muerte iba a sembrar, paradójicamente, la esperanza futura en los brotes de una nueva primavera.

Entre las silenciosas brumas del alba, una hoja desprendida cayó como una lágrima infinita y posó su alma leve sobre las aguas del estanque.

Semillas

El aprendiz había aceptado de buen grado continuar la labor, iniciada por el jardinero, de repoblar las riberas incendiadas del lago.

Aunque él no había estrechado lazos con aquel lugar del modo en que lo había hecho su instructor, lamentaba profundamente la visión de los bosques desolados, la imagen caótica de las laderas de los montes, llenas de estacas ennegrecidas y piedras desnudas.

Así pues, ya entrado el otoño, estuvo recorriendo el jardín y las tierras de los alrededores, recolectando semillas de robles, arces, tejos y encinas con el fin de darles cobijo en las entrañas de la tierra de aquellos bosques ahora vacíos.

Estaba una mañana seleccionando semillas en la puerta de la cabaña cuando llegó la niña de los ojos negros y se ofreció a ayudarle. Después de explicarle qué semillas debía apartar y cuáles desechar, la niña se entregó concienzudamente a la labor de tría.

Pasado un tiempo, en el que ambos estuvieron trabajando en silencio, la niña se quedó observando una brillante bellota de encina todavía verde.

—¡Y pensar que aquí dentro hay un árbol enorme...! –exclamó.

El aprendiz hizo una pausa en su labor y se quedó reflexionando en lo que había dicho la niña. Ciertamente, era una manera ingeniosa de ver las cosas.

—Sí –respondió–. Ahí dentro hay un árbol enorme.

—Miles, millones de veces más grande que la misma semilla –continuó la niña sin dejar de observar la bellota.

—Sí, así es –confirmó el joven.

La niña no dijo nada más. Seguía observando la verde y reluciente bellota en su mano, como si, en su contemplación, estuviera desvelando secretos hasta entonces desconocidos para ella.

El aprendiz iba a continuar con su labor cuando la niña volvió a hablar.

—¿Y las personas…? –vaciló mientras miraba al aprendiz–. ¿No seremos la semilla de algo muchísimo más grande?

Por siempre aprendiz

U na joven, que solía buscar la compañía del aprendiz, le dijo a éste con cierto aire de reproche:

—¿Por qué permites que la gente te siga llamando «aprendiz»? Hace ya mucho tiempo que se fue el jardinero, y ahora eres tú el dueño y el que cuida del jardín. Deberías decirles que tú eres ahora el jardinero.

El aprendiz esbozó una leve sonrisa.

—El jardín no me pertenece a mí ni pertenece a nadie –le dijo con un tono suave–, pues es de la Vida y de quien ella tenga a bien ofrecérselo. Yo lo cuido, sí, pero para mí es más un privilegio que una posición de la cual vanagloriarme.

La muchacha no parecía sentirse satisfecha con la respuesta.

—Si al menos les dijeras que dejen de llamarte «aprendiz»…

—Esa palabra en modo alguno me zahiere –respondió el joven sin perder la calma–. Me honra como discípulo de alguien a quien admiro, y me recuerda que, por mucho que llegue a saber, nunca deberé darme por satisfecho mientras la Vida me dé aliento.

»Mientras siga siendo un aprendiz seguiré aprendiendo de los árboles y de las plantas, de las flores, de los ríos y los

lagos… y también de las personas. Sobre todo de los niños
–añadió con la mente puesta en alguien muy concreto.

»Quiero ser para siempre un aprendiz, aunque salgan
canas en mi cabello y mis manos se arruguen con los años.
Porque sólo el que cree que ya lo sabe todo ha dejado de crecer, y ha muerto para la Vida.

El cocinero

El joven soñador se había pasado gran parte de la mañana preparando la comida para él y para su amigo el aprendiz.

Después de su habitual retiro matinal junto al Manantial de las Miradas, había estado en las huertas del jardín recolectando lo mejor que podía ofrecerle la tierra, y luego, cargado con todo tipo de hortalizas y verduras, se había recluido en la cabaña para entregarse a las artes de la cocina, como un brujo preparando sus pócimas y brebajes.

Cuando llegó el mediodía, el aprendiz lo encontró todavía atareado con el cazo y el puchero.

—Vas a ver qué sopa más buena estoy preparando –le dijo ilusionado–. Es una receta de mi madre.

El aprendiz dibujó una amplia sonrisa. En los últimos meses, en los que siempre habían estado alimentándose con lo primero que se les venía a la mano, no había tenido ocasión de probar las exquisiteces de un plato bien preparado.

Cuando el cocinero consideró que su obra estaba terminada, le pidió a su amigo que se sentara a la mesa. Sirvió un buen plato de sopa del humeante puchero, se lo sirvió al aprendiz con una sonrisa y se quedó delante de él, a la espera de sus comentarios. La expresión del joven soñador era como la de un niño que ha puesto todo su empeño y sus habilidades en hacerle un regalo a su madre.

El aprendiz tomó la cuchara sonriendo, la sumergió en el plato y la sacó llena de aquel caldo humeante. Sopló durante unos instantes para enfriarlo un poco y, acto seguido, se lo metió en la boca.

Sabía a rayos.

A duras penas consiguió disimular el efecto que aquel sabor hubiera dado a su rostro de haber estado solo. No quería lastimar la autoestima de su amigo. «Todo el mundo tiene su corazoncito», se recordó a sí mismo. Pero lo cierto es que aquella sopa era ciertamente «un mal trago».

—¿Qué te parece? —le abordó inmediatamente el improvisado cocinero con la expectación propia de un colegial.

—Pues… —vaciló el aprendiz—. A decir verdad…

No podía decirle la verdad, no podía herir su amor propio de aquella manera, no podía castigar así un gesto de cariño como aquél y, lo que es peor, no podía arruinar la ilusión que traslucía todo él.

Y, al mismo tiempo, tampoco quería mentirle a su amigo.

—Bueno. ¿Qué dices? —le insistió el joven soñador.

¿Qué le podía decir?

—Pues… —vaciló una vez más—. Pues, la verdad es que… los ingredientes son ciertamente buenos.

Armonía

Dos jóvenes muchachas contemplaban sus imágenes en el espejo mate que el Manantial de las Miradas ofrecía al atardecer. La suave brisa ensortijaba con los dedos sus cabellos, mientras el Sol los cubría con largos destellos dorados.

—¡Cuánta paz hay aquí! –exclamó una de ellas.

La otra no respondió. Simplemente, se limitó a transmitirle su sonrisa a través del espejo del manantial.

—Es extraño… –continuó la primera–. Cuando vengo a este jardín, siento como si todo en mi vida se acomodara de pronto dentro de mi pecho, y las fricciones de mis dudas y mis resquemores se desvanecieran como un espejismo.

—Creo entender lo que quieres decir –intervino al fin la otra–. Yo también siento algo parecido. Es la sensación de volver al hogar, de saber que ocupas un lugar en todo lo que te rodea, que formas parte de algo que lo envuelve todo, que lo impregna todo dándole la vida.

Hubo un silencio.

Primero una y luego la otra, las dos muchachas se volvieron hacia el Sol del atardecer apoyándose sobre el murete de piedra de la alberca. La luz convirtió sus pupilas en cristales de colores, mientras la Vida depositaba el soplo fresco de su aliento sobre sus limpias frentes.

—Mi madre también siente algo parecido cuando recorre estos senderos –volvió a hablar la primera–. Y dice que le preguntó al jardinero, cuando aún estaba aquí, qué podía ser esa sensación que la embargaba cuando se entregaba al silencio del jardín.

—¿Y qué le dijo? –preguntó la otra sinceramente interesada.

—El jardinero le dijo que él llamaba a eso armonía. Que es la armonía la que nos hace saber que todo está en orden y la que nos dice que acabamos de sintonizar con ese orden. Le dijo que el dolor y el sufrimiento venían como consecuencia de que las personas no estamos casi nunca en armonía con el universo que nos rodea, pero que, cuando lo conseguimos, la Vida nos lo hace saber por medio de la maravillosa sensación que nos concede: la de la paz que da el sentirnos parte de algo mucho más grande y perfecto. Una parte pequeña, pero imprescindible; insignificante, pero profundamente amada por ese Todo que lo inunda todo de vida…

—¡Qué bonito! –exclamó la otra joven casi en un susurro.

—Sí, es muy hermoso.

El lánguido monólogo del agua en el manantial se diluyó en el aire, mientras en la lejanía se oía el graznido de los cuervos. El nuevo silencio confirmó en sus corazones las palabras pronunciadas, y un destello de eternidad se posó en sus miradas.

—Es una lástima que el jardinero ya no esté aquí –dijo la segunda muchacha cuando la vara del tiempo volvió a medir los instantes en sus almas.

—Sí, es una lástima –confirmó la otra–. Aunque, sin duda, también su ausencia forma parte de esa armonía de la que él hablaba.

Y en el jardín, la armonía del otoño se convertía en paleta de pintor, y teñía árboles y arbustos de amarillos, ocres, castaños y pardos, mientras, en la lejanía, el Sol incendiaba los campos con las rojas transparencias de los pámpanos de vid.

El mensaje

Un hombre llegó al jardín cuando las luces del crepúsculo se cubren de púrpura en el horizonte. En su rostro se podían observar las señales del mal trance que atravesaba desde pocos días atrás. Después de años y años de esfuerzos y de lucha, aquel hombre lo había perdido todo en un giro caprichoso del destino, y ahora se preguntaba si había valido la pena tanto empeño como el que había depositado en sus sueños, si la vida tenía algún sentido que le permitiera seguir adelante entre tantas sombras como se cernían en este momento sobre él.

El hombre alcanzó el templete de los atardeceres, en el extremo oeste del jardín, y arropado en la profundidad del paisaje se entregó a sus reflexiones.

—No sé por qué me has hecho esto, ni qué sentido tiene mi vida ahora —susurró con la mirada clavada en el cielo.

El silencio de los campos del poniente fue la única respuesta a su lamento.

—Si al menos me dieras alguna señal de que me escuchas, algo que me permitiera creer que vale la pena seguir adelante…

Una tenue brisa de aire le acarició el rostro…, pero el hombre no comprendió.

Se levantó y, saliendo del templete, se sumergió entre las frondas de unas encinas cercanas. Ya iba a salir a un claro adornado con flores silvestres y plantas aromáticas cuando de pronto sintió un golpe en la cabeza, al tiempo que veía caer a sus pies una enorme bellota de encina.

El hombre se detuvo extrañado, frotándose la cabeza con la mano mientras miraba hacia las alturas de la bóveda de los árboles. Luego, miró la bellota que yacía en el suelo y se agachó a recogerla.

—Una semilla… –dijo sorprendido.

Se quedó mirándola durante un largo rato, y luego, poco a poco, comenzó a sonreír.

—La vida continúa –murmuró para sí.

En el mismo lugar en donde había caído la bellota excavó con los dedos un pequeño hoyo y la enterró.

—Tras la soledad y la oscuridad de tu encierro, volverás a la luz convertida en un árbol –dijo en un susurro–. Bendita seas, porque me has mostrado que yo también, desde la oscuridad, puedo volver a la luz con un sueño más grande y hermoso por cumplir.

Y, poniéndose en pie, siguió su camino.

Un trabajo divertido

—Le has dado en toda la cabeza —le dijo un duende de las encinas a otro.

—Sí. Un poco más y lo descalabro —respondió el otro mientras seguía con la mirada al hombre que se alejaba.

El primero también dirigió sus ojos hacia aquel ser humano que se diluía entre las sombras, ahora esperanzado.

—¿Sabes una cosa? —dijo el segundo duende con una sonrisa pícara en el rostro.

—¿Qué? —respondió el otro animándole a seguir.

—Que hay veces en que trabajar para el Jefe resulta divertido.

La lección del olivo

Un vecino del pueblo acudió un día a la cabaña para ofrecer al aprendiz un viejo olivo que tenía que arrancar en sus tierras. El hombre le explicó que había comprado un carruaje para facilitar sus tareas agrícolas, y que necesitaba ampliar la entrada a sus terrenos para darle paso, por lo que, muy a su pesar, se veía obligado a desarraigar uno de sus olivos más viejos, que le estaba estorbando en el sendero.

—No quisiera que muriera ese árbol –le confesó el sensible labrador–, y dado que los olivos, si se arrancan con cuidado, se pueden replantar en cualquier lugar, había pensado que quizás tú podrías tenerlo en el jardín.

El aprendiz aceptó de buen grado, entre otras razones por el amor que recordaba que el jardinero sentía por los olivos. El trabajo iba a ser arduo, pero pensaba que valía la pena salvar la vida de aquel anciano olivo al tiempo que adornaba con sus hojas plateadas las inmediaciones de la cabaña.

Llegado el día concertado, y con la ayuda de un buen puñado de hombres y diversos artilugios, el olivo fue arrancado del lugar donde había estado emplazado durante siglos y replantado en el jardín, cerca de la cabaña.

Al final de aquel día de duro trabajo, cuando ya todos se habían marchado, el aprendiz sacó una silla de la casa y se sentó en el sendero para contemplar al viejo árbol, erguido ya en su nueva tierra, mientras el joven de la mirada soñadora, que también había colaborado en el traslado, se dirigía al estanque a borrar las huellas de sus esfuerzos con un baño frío.

Cuando volvió, ya casi de noche, se encontró con que el aprendiz todavía estaba contemplando el olivo. Sin decir nada entró en la cabaña y, saliendo con otra silla entre las manos, se sentó junto a él.

—¿Te ha dicho algo el viejo olivo? —preguntó al fin el recién llegado con media sonrisa.

El aprendiz se volvió hacia él aceptando su buen humor.

—No. Todavía no —respondió—. Debe de estar cansado después de tanto ajetreo.

Guardaron silencio mientras contemplaban las retorcidas y viejas ramas, hasta que, después de un rato, sin dejar de observar el árbol, el aprendiz dijo:

—Creo que este olivo va a ser una bendición para nosotros.

—¿Sí? ¿Por qué? —preguntó el otro.

—Porque tiene una lección importante que enseñarnos —respondió el aprendiz, sin perder el tono enigmático de sus afirmaciones.

—¿Qué lección?

—La del que ha aprendido a no aferrarse a nada y seguir viviendo. La lección del que sabe cómo desprenderse de lo que le sujeta al suelo para buscar una nueva existencia más allá de los horizontes conocidos.

Y el joven de la mirada soñadora, dejando de sonreír, exclamó:

—Entonces, voy a tener que aprender mucho de él.

El silencio de las cumbres

Acompañado por las frescas brisas de la tarde, el aprendiz tomó el sendero del barranco de las tierras rojas y ascendió hasta la cumbre de la gran montaña.

En el sosiego solitario de las alturas abandonó las preocupaciones cotidianas y se entregó a la contemplación del mundo que se abría a sus pies. Delante, más allá de los barrancos y cañadas de la montaña, el valle del tejo comenzaba a sumirse en las sombras del ya próximo crepúsculo, dando la bienvenida entre sus bosques a las primeras brumas que lo cubrirían durante la noche. Y a su izquierda, por detrás del camino que le había llevado hasta la cima, se abría en la distancia la inmensa meseta donde se encontraban el pueblo y el jardín, enmarcada por las distantes sierras y salpicada de suaves colinas cubiertas de pinos.

Había algo de irreal en lo que sus ojos le mostraban, algo que se perdía en la línea difuminada de las azules montañas del horizonte, algo que parecía esconderse en la neblina casi invisible que se cernía sobre las viñas de las llanuras.

El alejamiento del mundo humano y el silencio sagrado de las cumbres le hacían olvidar por momentos quién era, cuál era su papel en la inmensa obra que se representaba allí abajo, en el inmenso escenario del mundo.

Una repentina brisa de poniente dibujó los arcos de sus cejas, y el aprendiz cerró los ojos. Por un momento imaginó que un hermosísimo ser traslúcido y azulado se situaba a su lado y posaba la mano sobre su hombro.

Se sintió bien. Se sintió lleno de paz.

Junto a él, el Espíritu del Viento contemplaba sus dominios terrestres mientras posaba levemente la mano derecha sobre el hombro del aprendiz.

Fantasías

El leve rumor de unos pasos hizo volverse al joven de la mirada soñadora. Con el andar grácil de una cabrilla joven, la niña de los ojos negros llegó al claro del Manantial de las Miradas y se encaramó al murete de la alberca.

Ni siquiera le miró. Era más fuerte la determinación de asomarse al espejo del manantial que su curiosidad por aquel que, a primera vista, parecía estar escribiendo con la espalda apoyada en el pétreo marco del espejo.

La niña se quedó una vez más absorta, contemplando su propia imagen en las temblorosas aguas. El negro de sus ojos se le antojaba la puerta de entrada a un mundo misterioso en donde sabía que residía alguien a quien no alcanzaba a comprender, si bien tampoco le preocupaba hacerlo. Con sentir su presencia tenía bastante.

Así estuvo un largo rato, en silencio, observando el misterio innombrable de su mirada, mientras el joven soñador, acostumbrado ya a la fugaz visión de la niña encaramada a la alberca, se había entregado de nuevo a sus ensueños poéticos.

—¿Por qué los mayores llaman «fantasía» a todo aquello que no pueden ver o que no entienden? –rompió al fin el silencio la niña, sin dejar de contemplarse en el reflejo de las aguas.

El joven de la mirada soñadora levantó la vista del papel y se volvió hacia la niña.

—Quizás es una manera de defender su mundo –respondió después de reflexionar unos instantes sobre la pregunta de la niña.

La niña de los ojos negros se volvió hacia él y, bajando del murete, se sentó a su lado.

—¿Y de qué tienen que defender su mundo? –volvió a preguntar–. ¿Qué es lo que temen que ocurra?

El joven sonrió a la niña.

—Quizás temen darse cuenta de que su mundo también está lleno de fantasías –respondió.

—¿Siiii? –exclamó la niña sorprendida–. ¿Y qué fantasías tienen ellos?

—Oh, bueno, tienen muchas fantasías –contestó el joven como el que cuenta un cuento–, muchas cosas que no son reales pero que ellos se las toman muy en serio. Hasta el punto de matar o morir por ellas, o de deprimirse y sufrir por su presencia o ausencia.

—¿Y qué cosas son ésas? –insistió la pequeña.

—No sé si las llegarás a entender –seguía dándole vueltas el muchacho–, porque no son cosas que existan y las puedas ver con los ojos o con el alma, como los árboles, las flores o las hadas; ni siquiera son cosas que se puedan sentir, como el amor, la amistad o la esperanza.

—Sí, pero ¿qué cosas son?

La niña no parecía dispuesta rendirse a explicaciones vagas. El joven de la mirada soñadora la miró en silencio, mientras una ola de afecto le abría el corazón.

—Pues a una de ellas la llaman patria –respondió al fin–, y los mayores matan y mueren por ella sin darse cuenta de que las fronteras sólo existen en la imaginación y en los mapas, pero no en la tierra sobre la que caminan.

»A otra de sus múltiples fantasías la llaman orgullo, sin percatarse de que el yo o el nosotros al que pretenden defender es un espejismo que desaparece por la noche, cuando uno se duerme.

»A otra de sus fantasías la llaman propiedad. También por ella sufren y mueren; y se olvidan de que venimos al mundo desnudos y nos vamos desnudos, que todas esas cosas se nos dan como préstamo por un tiempo, y que lo único que nos llevamos es lo que hemos vivido.

»A otra la llaman poder, y por ella son capaces de los mayores sacrificios y de los mayores desmanes; cuando cualquier poder al que puedan aspirar palidece ante la presencia y el poder de aquella que se los llevará de este mundo, arrebatándoles todas sus glorias y conquistas.

»Incluso al amor, que es una realidad en el corazón, los mayores lo convirtieron en una fantasía, al separarlo de su verdadera naturaleza de olvido total de uno mismo y convertirlo en un disfraz y una excusa para la gratificación del yo.

»Son muchas las fantasías que albergan los mayores, pero por desgracia no son fantasías alegres y divertidas como las de los niños.

El joven calló, a la espera de ver la reacción que sus palabras pudieran haber provocado en la niña.

La niña dejó de observarle y se puso a mirar el suelo delante de ella.

—¡Pobres mayores! —dijo al fin la niña en un susurro—. No sabía que sus fantasías fueran tan tristes y oscuras. Ahora entiendo por qué no les gusta demasiado que los niños tengamos amigos que ellos no ven y cosas así.

El joven de la mirada soñadora sonrió ante el candor de la pequeña y, con un gesto triste, dijo:

—Sí. La verdad es que los mayores no lo pasan demasiado bien con sus fantasías. Pero es muy difícil hacerles ver que viven en un mundo tan real y tan irreal como el de los niños…, en un mundo de fantasías.

La venganza

El maestro que desde poco tiempo atrás venía dando instrucción a los niños en el pueblo llegó una tarde a la cabaña con el rostro marcado por la indignación. Era un hombre de ideas rígidas, que despreciaba todo cuanto no entrase dentro de sus estrechos esquemas de comprensión, y los comentarios de la niña de los ojos negros estaban alborotando seriamente su imagen ideal de lo que debería de ser su aula.

—Esa niña no deja de hablar de hadas, duendes y demás seres fantásticos —les explicó en un tono considerablemente alto a los dos jóvenes del jardín—, y está consiguiendo que todos los demás niños terminen creyendo que todas esas cosas existen de verdad. De manera que les exijo que dejen de hablarle de esas cosas y me permitan hacer mi trabajo en condiciones, o de lo contrario me veré obligado a poner esto en conocimiento de todos los padres.

El aprendiz intentó hacer ver a aquel hombre que el asunto de las hadas no había partido de ellos, y que tampoco era algo preocupante que los niños creyeran en seres imaginarios y de leyenda. Pero aquello pareció impacientar aún más al maestro.

—No admito que se ponga en duda la verdad —dijo elevando todavía más el tono de su voz—, y todo lo que se salga del conocimiento positivo y de lo racional es una aberración que hay que cortar por lo sano. Como maestro, mi deber es enseñar a mis alumnos a pensar de un modo racional, para alejarlos de la superstición y de la ignorancia, y lo que tienen que hacer ustedes es no entrometerse en el correcto desarrollo de la personalidad de esa niña, hablándole de todas esas tonterías sobre las hadas.

El aprendiz intentó defenderse una vez más de la acusación, pero aquel hombre no parecía estar dispuesto a escuchar más argumentos, pues, dándose la vuelta, los dejó a los dos plantados en la puerta de la cabaña.

Los dos jóvenes se quedaron mudos por unos instantes mientras le veían alejarse por el sendero que salía del jardín.

—A las hadas no les debe de haber gustado nada lo que ha dicho este hombre —dijo en voz baja el joven de la mirada soñadora después de recuperarse de la sorpresa de su desplante.

El aprendiz se volvió hacia su amigo observándole con un gesto de extrañeza, pero éste, sin dejar de mirar al hombre que se alejaba, aún añadió:

—Y las hadas son sumamente sañudas. No me gustaría ser el objetivo de un hada enfurecida.

El aprendiz aún marcó más su gesto de extrañeza.

—¿Quieres decir que tú también crees…? —comenzó a inquirir cuando el otro le interrumpió, indicándole con un movimiento de cabeza que mirara hacia el hombre que se marchaba.

Y cuando se volvió, inexplicablemente, vio al hombre tropezar con algo invisible y caer al suelo de bruces cuan largo era.

El hombre se levantó echando maldiciones a diestra y siniestra y dándose manotazos en la ropa; y así, dando voces, desquiciado, desapareció de su vista entre los pinos.

El aprendiz se volvió hacia su amigo con una mirada inquisitiva.

—No querrás decir...

—Una cosa es la verdad, y otra muy distinta es la realidad –dijo el soñador sin dejarle terminar la frase–. Los sueños pueden no ser verdaderos, pero no por eso son menos reales para el que está soñando. Y, por otra parte, quién me dice que no vivimos en un sueño del que, algún día, despertaremos.

El aprendiz se quedó mirándolo sin decir palabra, intentando comprender lo que el otro había dicho.

El joven de la mirada soñadora le devolvió la mirada con una chispa de picardía y, sin decir nada más, se metió de nuevo en el interior de la cabaña.

La bendición

Una paz penetrante se extendió de pronto por viñas y bosques. El revelador e imponente silencio de la atmósfera y la blancura de los cielos presagiaban la inminencia de la bendición que iba a descender desde las alturas. Era como si todos los seres vivos callaran a la espera de la paz virginal que se iba a posar sobre todo lo creado. La tensión de la espera, en medio de una profunda quietud.

El joven de la mirada soñadora observaba las interminables llanuras del oeste desde el templete de los atardeceres, compartiendo la quietud que lo embargaba todo, absorto en la contemplación de los preludios de un nuevo prodigio.

Y, de pronto, sucedió.

El joven vio caer el primer copo de nieve, menudo, ingrávido..., y luego otro, y otro...

Sonrió.

Aquel invierno traía por fin la bendición de los cielos, la mágica presencia de lo etéreo descendiendo dulcemente sobre el paisaje silente.

Extendió las manos delante de él y varios copos se posaron suavemente sobre su piel. Se derritieron casi de inmediato al contacto con el calor de la Vida que, como un fuego ardiente, recorría su ser.

Levantó la vista al cielo y vio cómo la bendición descendía, pálida y queda, sobre su cabeza.

Y en la quietud del momento se le escucho decir en un murmullo:

—¡Y pensar que para muchas personas sólo es nieve…!

Silencio

El Espíritu del Viento descansa plácidamente en su trono de las montañas. No es momento para soplar por cañadas y colinas.

A pesar de las edades transcurridas, sus ojos contemplan como nueva la grandiosa visión de la caída callada de la nieve.

Silencio.

Un frágil copo de nieve desciende a la tierra delicadamente. El dios del tiempo se retira a la oscuridad de sus dominios.

Despierta

Despierta y abre la ventana, niña. Para que tus ojos negros se llenen del fulgor blanco de la nieve.

Despierta y asómate a la ventana. Que la noche nos cubrió los tejados de esperanza, y nos dejó su manto plateado para abrigarnos al calor de la ilusión.

Mira, mira cómo todo cambió de ayer a hoy. El aire limpio, las calles blancas, los campos como mares de luz de donde nacieran árboles de algodón.

Date prisa. Lávate la cara. Recógete el cabello y vamos a la calle.

Que la Tierra quiere hoy que juguemos todos como niños, que olvidemos los años pasados y nos zambullamos en la fiesta de estar vivos. Pues no hay muchos días de nieve, sino sólo uno que vuelve una y otra vez, sólo uno que exploramos a lo largo de los años con la misma ilusión de la primera vez; un día que nos habla dulcemente de la vida, cruelmente olvidada en los rincones del discurrir cotidiano.

Vamos, niña, vamos a la calle. Que necesito recordar una vez más que el paso de los años no fue más que una ilusión.

La vida en el estanque

El aprendiz y el joven de la mirada soñadora habían salido de la cabaña para disfrutar de la belleza que la nieve había aportado a los paisajes y recodos del jardín.

El crujido sordo del manto blanco bajo sus pies se perdía en la quietud de los senderos y en la umbría soledad de las florestas, mientras todo a su alrededor transmitía la sensación de un retorno a los comienzos, de la purificación previa al renacer de la vida.

A ratos callados, extasiados con la perfección de la blanca capa de la tierra; a ratos, con risas y gritos, tirándose bolas de nieve o agitando las ramas de los árboles sobre la cabeza, los dos amigos llegaron a las rocas que se abrían en las orillas del estanque y se sentaron en silencio, solazándose en la contemplación del paraje.

La nieve contrastaba ahora con los límites del agua, mientras ésta reflejaba en su reposado rostro las copas recargadas de los árboles del contorno.

Un leve chapoteo les recordó en un instante que la vida también proseguía por debajo de la superficie del estanque, allí donde la nieve no había llegado.

—Lástima que los peces se pierdan el espectáculo de la nieve —comentó el joven de la mirada soñadora con una delgada sonrisa.

—Quién sabe —exclamó el aprendiz sin dejar de mirar al agua—. A lo mejor lo disfrutan más que nosotros, contemplándolo a través de la enorme ventana que se abre entre su mundo y el nuestro.

Los dos jóvenes callaron mientras meditaban sobre las posibilidades vitales que se ofrecían con aquel pequeño juego de ideas.

—¿Qué pensarán de nuestro mundo los peces? —inquirió al fin el joven soñador.

—Quizás les parezca que nuestro mundo es un espejismo, un reflejo irreal y cambiante —dijo el aprendiz con una expresión lúdica—. A lo mejor los peces mayores les dicen a los pequeños que lo que ven a través de la superficie del agua es una fantasía peligrosa, que los que salieron ya no volvieron, y nunca más nadie supo de ellos.

Los dos amigos se echaron a reír recordando al maestro del pueblo.

—Sí. Es posible que éste sea el mundo de los muertos para ellos —dijo en voz baja el joven soñador, adoptando nuevamente una expresión grave.

—¡Qué paradoja!, ¿no? —exclamó el aprendiz—. Su mundo de los muertos está lleno de vida.

—Sí. Es una paradoja —coincidió el otro.

De nuevo cayó el silencio sobre ellos, envolviendo sus reflexiones y sus sentimientos. Una brisa ligera sopló sobre el estanque, rizando la tersa superficie de las aguas.

Y el aprendiz levantó la vista al cielo y dijo en un susurro:

—Y quién nos dice a nosotros que no somos peces en el estanque del universo, dudando de la realidad que existe más allá del entorno en donde respiramos. Dudando de la Vida que se extiende más allá de nuestro mundo.

La mejor respuesta

L a niña de los ojos negros llegó a las inmediaciones del estanque en compañía de varios amiguitos, entre voces y gritos alegres, entre bolas de nieve y carreras por entre árboles y matorrales.

—El agua no está helada. No vamos a poder patinar –gritó el primero que llegó a la orilla.

La niña se acercó hasta sus amigos jardineros, mientras los otros proseguían con su alboroto infantil.

—¡Qué cosa más rara! –les dijo mostrando una expresión grave–. La nieve es fría, pero si la tienes mucho rato en la mano quema.

Los dos jóvenes se echaron a reír.

—¿Por qué ocurre eso? –preguntó la niña con todo su candor.

El joven de la mirada soñadora miró al aprendiz.

—¿Tú qué piensas? –dijo.

El aprendiz le lanzó una breve mirada y luego miró a la niña.

—Yo creo que se debe a que el fuego de la Vida lo impregna todo, hasta las cosas más frías.

La niña miró al joven soñador como buscando confirmación de la respuesta del aprendiz.

—Yo estoy de acuerdo con él –contestó éste a su silenciosa pregunta.

—¿Y tú? –le preguntó entonces el aprendiz a la niña–. ¿Te parece que la respuesta es buena?

La niña le miró en silencio.

—Sí –dijo al fin–. Creo que has dado con la verdad.

Y, atendiendo a las llamadas de sus alborozados amigos, la niña se fue corriendo sin siquiera despedirse.

El aprendiz la observó mientras se alejaba, y luego, volviéndose hacia su amigo, le confesó medio en broma:

—No estaba seguro de si era ésa una buena respuesta para el misterio de la nieve. Pero si la niña la ha dado por buena… es que es la mejor de las respuestas posibles.

Sopa de sabiduría

—Tuve un profesor que admiraba a los filósofos —dijo el joven soñador mientras ayudaba al aprendiz en la preparación de la cena—. Decía que eran muy sabios, porque estaban llenos de ideas geniales sobre la vida.

El aprendiz no respondió. Simplemente, siguió cortando verduras y echándolas dentro de un cazo.

—Pero, no sé por qué —continuó el otro—, había algo en aquello que no me acababa de convencer.

El aprendiz seguía sin decir nada. De pronto, se detuvo y se quedó mirando el cazo. Lo había llenado de verduras hasta el borde, y ahora no le quedaba espacio para echar agua y hacer así una buena sopa de verduras.

—¿Sabes una cosa? —abrió por fin la boca sin dejar de observar el cazo—. Creo que sé por qué no te acababa de convencer aquello de que los filósofos son sabios porque están llenos de ideas geniales sobre la vida.

—¿Sí? ¿Por qué?

—Porque si no dejas algo de espacio para ponerle agua y sal a la vida, no puedes hacer una buena sopa de sabiduría.

El joven de la mirada soñadora le miró extrañado.

—No entiendo qué quieres decir.

El aprendiz le mostró el cazo.

—Que una cosa es tener ideas sobre la vida y otra muy distinta es vivir, y que para hacer una buena sopa hay que mezclar bien las cantidades.

El guardia

Una tarde en que volvía del monte con algunos troncos pequeños para el fuego de la cabaña, el aprendiz se detuvo en el mesón del camino real para remojarse la garganta con un buen vaso de vino.

Después de dejar la leña junto a la puerta, entró y se dirigió al mostrador, donde estaban descansando dos de los guardias que protegían los caminos de los ladrones que merodeaban por las montañas. Uno de ellos, un hombre de aspecto cordial y vivo, le reconoció y se presentó como amigo que había sido del jardinero.

Después de pedir una jarra de vino, se sentaron en una de las mesas y se dieron a compartir recuerdos e instantes vividos junto al amigo común. Se relataron pequeñas anécdotas y comentarios del jardinero, coincidiendo ambos en lo acertado de sus observaciones.

—Pero hay una cosa en la que el jardinero no acertó conmigo –dijo el hombre, con la afilada mirada de un ave de presa–. Yo nunca me sentí atraído por las cosas del espíritu de las que hablaba él, aunque aquello parecía importarle poco. Mas, aun así, me dijo en más de una ocasión que llegaría el día en que algo se despertaría en mí, y que me convertiría en un fogoso converso, dispuesto a saltar abismos o a cruzar desiertos con tal de alcanzar las cimas más altas del espíritu.

El hombre calló por un instante, miró su vaso de vino y dijo:

—Pero en eso se equivocó. El jardinero se fue y yo sigo siendo el de siempre. Nada ha cambiado en mí.

Y mirando al aprendiz a los ojos y con un punto de nostalgia, añadió:

—Aunque debo reconocer que le echo de menos.

El aprendiz le acogió con una mirada cálida.

—Por lo que yo le oí a él, también debe de echarle de menos a usted —le confesó—. Recuerdo el cariño con el que hablaba de sus amigos, con los que había compartido días inolvidables en la casa del lago.

—Sí —recordó el guardia nostálgico—. Pasamos muy buenos momentos allí.

Durante unos instantes, los recuerdos cayeron como una losa sobre los dos hombres que, con la mirada perdida en sus vasos, parecían buscar en los reflejos del vino las imágenes que el tiempo había desvanecido.

El hechizo se rompió cuando el otro guardia se acercó a la mesa para avisar a su compañero que tenían que partir.

El amigo del jardinero y el aprendiz se despidieron con un fuerte apretón de manos.

—Cuida bien de ese jardín, chaval —le dijo el guarda al aprendiz.

Y cuando se estaba dando la vuelta para salir por la puerta, el aprendiz le dijo:

—¡Ah! Y en cuanto a eso de que el jardinero se equivocó con usted…

El joven sonrió.

—Hay semillas que tardan más que otras en sacar sus brotes desde el interior de la tierra —le dijo con una mirada pícara–. ¡Y las que más tardan son las que profundizan más sus raíces!

El guardia levantó una ceja y, con una media sonrisa, respondió en voz alta:

—¡Demonio con el chaval! ¡Todavía no nos hemos olvidado del jardinero y resulta que ya tenemos uno nuevo!

La hiedra desagradecida

—Ciertamente, las hiedras son desagradecidas —exclamó el joven de la mirada soñadora cuando vio una enorme hiedra que envolvía el tronco de un roble y amenazaba con estrangularlo—. Son capaces de derribar y dar muerte a aquellos que les dan soporte.

El aprendiz se quedó observando la hermosa pero, a la vez, triste imagen del gran árbol envuelto en hojas de hiedra.

—Quizás las cosas no se deban valorar tal como nos parecen a primera vista —comentó como si pensara en voz alta.

—¿No? ¿Y entonces qué te parece lo que está haciendo con ese pobre roble?

Y el aprendiz respondió:

—Quizás la hiedra sea la única capaz de enseñarle humildad al robusto y fuerte roble.

Suciedad

La niña de los ojos negros estaba sentada en el suelo, jugando con una lombriz, en las cercanías del Manantial de las Miradas.

—¡Hija! —la llamó su madre en un tono que denotaba cierta impotencia—. Te vas a poner la ropa perdida, ahí en la tierra...

La niña no se inmutó. Agarró del suelo la lombriz y, hablando bajito, le dijo:

—Que te lo digan a ti, lombriz. Toda la vida haciendo agujeros a revueltas con el barro. Pero alguien tiene que hacer el trabajo sucio, ¿no?

Los almendros

Los últimos días del invierno se ataviaban con las neblinas del alba y los brillantes soles del amanecer, y el tímido renacer vital de los montes invitaba a recorrerlos con la amable expectación del que aguarda los primeros brotes de la primavera.

El joven de la mirada soñadora salió temprano del jardín. Con sus papeles bajo el brazo y caminando serenamente, cruzó el pueblo y descendió por la vega hacia el río, para, más allá del antiguo puente de piedra, comenzar a ascender por las suaves pendientes de las colinas que se elevaban hacia el sur, pobladas de vides y árboles frutales que perdían su dominio más arriba, cerca de las cumbres, donde una multitud de pinos y algunas encinas cerraban el paso a los esfuerzos de los hombres.

Los insectos habían comenzado a llenar el aire de zumbidos. Y eso le hizo pensar que, al igual que había sucedido en el jardín, muchos árboles frutales habrían extendido sus flores al Sol durante los últimos días.

Y así era. Al alcanzar una pequeña elevación en el sendero se encontró de pronto con un campo de almendros en flor, una exhibición natural de belleza y vida, un inmenso brote de colores pastel en medio de la tierra aún desnuda por los fríos.

Con un sensible cosquilleo en el pecho, el joven de la mirada soñadora se metió por entre los almendros como si de un baño en una cascada se tratara, rodeado de flores por todas partes, embriagado por el aroma dulzón de sus pétalos. Se aproximó la rama de un almendro cercano y aspiró su perfume. Se le antojaba un milagro que, sobre la piel correosa de aquel árbol, desnudo aún de hojas, pudieran brotar miles, millones de flores humildes, sin grandes pretensiones de formas o colores, ofreciéndose generosas al viento y al Sol, regalando su belleza y su fragancia al mundo, sin más esperanza que la de disfrutar del placer de la luz durante unos cuantos días más, para luego entregarse en sacrificio y recibir el don de la fertilidad convirtiéndose en semillas.

Sí, ciertamente era un milagro de la Vida, otro más de los muchos milagros cotidianos y, por ello, ignorados por los hombres.

Era una demostración de perfección en la simplicidad, en la humildad, en la pequeñez. Una muestra más de la paradoja de la existencia, donde lo pequeño y sencillo puede ser grandioso y magnífico, donde lo humilde se transforma en lo más glorioso, donde la muerte libremente aceptada para una forma de existencia se transforma en nueva y fértil vida que extenderá sus raíces por todo el universo.

—Gracias —musitó el joven soñador dirigiéndose a la Vida.

La Vida, que le había otorgado la capacidad de ver lo que para otros muchos no era evidente, aun viéndolo con sus propios ojos.

—Gracias —repitió, dirigiéndose esta vez al espíritu del almendro.

Los almendros, que se ofrecían en una maravillosa expresión de resurrección y belleza.

Aquella mañana la pasó echado en el suelo, sin preocuparse de nada, sin pensar en nada; contemplando entregado las flores de los almendros sobre el fondo azul del cielo.

Mariposas en el cielo

A aquel hombre le quedaba poco tiempo de vida. En sus más de cuarenta años como médico, había luchado con la muerte en todas sus formas; y, ahora, era él el que iba a recibir la visita de la dama.

Su carácter se había agriado desde que supo que no había esperanza para él; y, para no mortificar a los que le rodeaban, se decidió a abandonar la ciudad y a buscar una habitación en la posada del pueblo. Le habían hablado de un jardín muy especial, y pensó que, deambulando por sus veredas, podría emplear mejor el escaso tiempo que le quedaba por vivir.

Estaba sentado en una roca, junto al arroyo, escuchando el rumor amable de las aguas cuando, de repente, apareció una niña de cabellos y ojos negros como la noche.

La niña se le acercaba con la mano derecha levantada hasta la altura de su cabeza, con la palma de la mano hacia abajo. Sobre el dorso, llevaba posada una mariposa de alas color naranja.

—Mira –dijo la niña mostrándole el insecto que, plácidamente, reposaba en su mano–. Se ha hecho mi amiga.

El hombre sonrió ante la simpática y extraña aparición.

—Parece que le ha gustado tu mano –dijo amistosamente.

La mariposa levantó el vuelo unos centímetros y, después de revolotear unos instantes, se volvió a posar en la mano de la niña.

—De vez en cuando da una voltereta y se vuelve a poner en mi mano –explicó con toda naturalidad.

El hombre sonrió a la niña con verdadero afecto. Ella tenía toda la vida por delante, y aún no había perdido el candor y la inocencia de la infancia. Tenía todo un mundo de aventuras a su disposición, un mundo lleno de sorpresas y sucesos maravillosos.

Él, sin embargo…

—¿Has visto? Las mariposas parecen flores del cielo –interrumpió la niña su discurso mental.

—¿Tú crees que habrá mariposas en el cielo? –preguntó el hombre.

—Seguro que sí –exclamó la niña–. Yo creo que las mariposas son las flores del cielo. Por eso vuelan y se mueven. No como las flores de la tierra, que son también muy bonitas, pero que están quietas.

«Sí. ¡Ojalá haya mariposas en el cielo! –pensó el anciano. Y luego, dudando–: Si es que existe algo después de…».

La mariposa volvió a revolotear y se volvió a posar en el dorso de la mano de la niña.

—¿Ves? De vez en cuando da una voltereta –dijo la niña observando al insecto. Y, de pronto, mirando al anciano, exclamó–. ¡A lo mejor quiere estar un rato contigo! ¡Pon la mano! ¡A ver si quiere irse contigo!

El hombre extendió la mano con la palma hacia arriba.

—Venga. Ve con él –decía la niña en voz baja, mientras agitaba suavemente la mano.

Y, sorprendentemente, en aquel momento, la mariposa levantó el vuelo y fue a posarse sobre la mano del hombre.

—¿Ves? –exclamó la niña con un súbito arranque de alegría–. ¡Se ha ido contigo!

—¡Sí! –dijo el hombre sorprendido–. ¡Se ha posado en mi mano!

Durante un instante, el hombre y la niña callaron y se entregaron a la simple contemplación de la mariposa, que abría y cerraba las alas, como exhibiéndose, al saberse observada.

Al cabo de un rato de observación atenta, la niña levantó los ojos para ver la expresión del rostro del hombre.

Dos gruesas lágrimas corrían por sus mejillas.

—¿Qué te pasa? –preguntó la niña inocentemente–. ¿Por qué lloras?

El hombre la miró y apretó los labios.

—Porque no me había dado cuenta de que la vida nos guarda sorpresas maravillosas hasta el último instante de nuestra existencia... si somos capaces de salir a buscarlas –concluyó el hombre esbozando media sonrisa.

La niña no dijo nada. Simplemente, buscó la otra mano del anciano y posó su manita en señal de afecto.

El hombre se miró las manos. En una tenía una mariposa que parecía estar a gusto en su presencia. En la otra, la mano de una niña desconocida que lamentaba verle llorar.

Volvió a mirar a la niña, silenciosa en su espera, y controlando el llanto le dijo:

—Sí. Seguro de que hay mariposas en el cielo...

Las normas del jardinero

Dos mujeres del pueblo estaban poniendo severas objeciones a la iniciativa del joven soñador que, con unos cuantos palos y una cuerda, había cerrado el paso al templete de los atardeceres.

—¿Por qué no vamos a poder sentarnos en el templete a contemplar el ocaso? —le preguntó una de ellas visiblemente airada—. El jardinero nunca nos habría prohibido algo así.

El joven intentó apaciguarlas.

—Es que, en el techo del templete, han hecho su nido una pareja de golondrinas, y he pensado que lo mejor sería que no entrara nadie allí hasta que hubieran sacado adelante a sus crías.

Pero aquello no pareció convencer a las mujeres.

—Pero ¿dónde se ha visto que sean primero los animales que las personas? —dijo la otra mujer enardecida.

—A ver si vamos a tener que sentarnos en el suelo porque hay unas golondrinas criando en el templete —exclamó la otra.

En ese momento llegó el aprendiz, que trabajando en las cercanías del lugar, había oído las voces de la discusión; un hecho anómalo en un jardín que se había creado para la paz.

Las mujeres acudieron inmediatamente a él, pensando que, por haber sido el aprendiz del jardinero, les daría la razón en lo que ellas pensaban que hubiera sido el sentir del hombre que creó el jardín.

Tanto las mujeres como el joven de la mirada soñadora dieron sus explicaciones al que, en definitiva, tenía la última palabra en lo que al jardín se refería.

—Bueno —dijo al fin el aprendiz mientras se rascaba la cabeza—. Recuerdo que el jardinero me dijo, palabra por palabra, en cierta ocasión que su jardín lo había creado «para cuidar de plantas y árboles, ardillas y pájaros, hadas, elfos y hombres».

Un silencio pesado e incómodo cayó sobre el grupo.

—Aunque algunas de estas cosas no las termino de entender —prosiguió el aprendiz—, lo que sí está claro es que, según el jardinero, este lugar fue hecho para todos los seres.

El joven soñador sonrió, y las mujeres, dando un respingo, se alejaron entre comentarios agrios y advertencias de que no iban a volver por el jardín.

Cuando se hizo de nuevo el silencio, los dos jóvenes se miraron con un gesto que denotaba, a partes iguales, impotencia y complicidad.

—Termina el trabajo —le dijo por fin el aprendiz a su amigo.

El joven soñador se volvió hacia el templete, pero no vio nada que faltase por hacer. Los palos estaban bien sujetos, y la cuerda circundaba por completo el templete a una distancia de unos dos metros.

—¿Qué más quieres que haga? —le preguntó extrañado.

—Pon un cartel bien grande que diga: PROHIBIDO EL PASO. GOLONDRINAS CRIANDO. SILENCIO.

Y los dos amigos se echaron a reír.

Las ardillas

Aquella primavera, las ardillas parecían estar especialmente revoltosas, cruzando de aquí para allí por caminos y prados, saltando de rama en rama entre los árboles y dando vueltas a los gruesos troncos de los pinos piñoneros que había en las cercanías del arroyo. Allí era donde habían hecho sus nidos la mayoría de ellas, y cualquiera que acertara a pasar por allí en las primeras horas de la mañana podía disfrutar observando sus juegos y piruetas.

A todo lo largo de los rugosos y altos troncos se perseguían, unas veces cabeza arriba, otras cabeza abajo, a una velocidad vertiginosa y con una agilidad difícil de entender, aun a sabiendas de que se trataba de ardillas. Daban la apariencia de no estar regidas por las leyes que gobiernan al resto de los seres, pues se deslizaban por las cortezas de los árboles como si estuvieran corriendo por la hierba de un prado, brincando, dándose la vuelta de improviso, haciendo giros y quiebros, bajando a toda velocidad de un árbol para subir a otro al mismo ritmo frenético, sin perder el más mínimo impulso.

Muchas veces acudía allí el viejo médico a verlas corretear y jugar, y se pasaba las horas observándolas con una sonrisa en los labios, con la mirada sorprendida de un niño que las viera por vez primera.

Allí lo encontró un día el joven de la mirada soñadora, cuando iba a trabajar a las huertas del jardín.

—Son maravillosas, ¿verdad? –le dijo al anciano cuando llegó a su lado.

—Sí. Son maravillosas –coincidió el hombre–. Vengo a verlas todos los días, y no dejan de sorprenderme por muchas piruetas que les vea hacer.

—Son como cachorros, como niños jugando –comentó el joven–; despreocupadas de todo lo que no sea correr y jugar.

El anciano se volvió hacia el joven con una expresión amable.

—Quizás, antes éramos todos así –dijo, y guardó silencio a la espera de ver la reacción de sus palabras en el rostro de su interlocutor–. Quizás, en un principio, antes de que los seres humanos nos inventáramos las civilizaciones, nosotros también empleábamos un tiempo para recolectar los alimentos y el resto del día para jugar.

El joven se sentó en la hierba, a los pies del anciano.

—Quizás hemos perdido el norte –comentó como para sí mismo.

—No lo sé –confesó el hombre–. Pero a veces me pregunto si, al perder la simplicidad en nuestra vida, no habremos perdido también la simplicidad en nuestra visión de la vida. Los seres humanos nos hemos hecho muy serios, y hemos hecho un mundo en donde todo hay que tomárselo muy en serio.

»Lo hemos hecho todo tan serio que, al final, nos ha tocado pagar a cómicos y bufones para que nos recuerden que el juego sigue existiendo y que, en la vida, no hacemos más que representar papeles…, papeles cuya trascendencia termina cuando cae el telón y nos quitamos el disfraz.

El joven observó en el anciano una mirada triste, aunque no carente de paz. Luego, se volvió a mirar de nuevo a las ardillas que, ignorando a los humanos, seguían con sus juegos y cabriolas.

—Sí. Puede que las ardillas entiendan mejor que nosotros de qué va la vida –reflexionó en voz alta el joven.

—Eso mismo he empezado a pensar en los últimos días –afirmó el hombre, casi en un murmullo–. Al fin y al cabo, trabajan lo justo para mantenerse vivas y multiplicar su especie, y el resto del tiempo juegan y corren.

Hizo una pausa y, dedicándole una sonrisa a su joven interlocutor, concluyó:

—Y cuando llega el momento de la muerte, no le dan más importancia que la que de verdad tiene en el gran teatro de la vida.

Hasta las cosas más serias

—Estas ramas, ¿las corto, o no? ¿Cuánto tengo que cavar para plantar este granado? Porque es un granado, ¿no?

Aquella mujer acostumbraba a enlazar preguntas y a lanzarlas del mismo modo que cualquiera de los parroquianos del mesón acostumbraba a echar los naipes…, como un lanzador de cuchillos.

—No. Un palmo. Sí –respondió el aprendiz con una sonrisa burlona.

Ella le confesó un día que su deseo había sido aprender del jardinero, al igual que él. Ella también le había conocido, pero nunca se atrevió a embarcarse en la aventura de la «jardinería espiritual» hasta que fue demasiado tarde. Ahora, le había pedido al aprendiz que le enseñara algunas cosas sobre las plantas y los árboles, y éste se había ofrecido gustoso a transmitir lo que él mismo recibió de su mentor.

—Una de las primeras cosas que tendrás que aprender, y una de las primeras cosas que me enseñó a mí el jardinero –dijo el aprendiz–, es a no hacer preguntas sin ton ni son.

—Y entonces, ¿cómo voy a aprender? –preguntó la joven.

—Si te detienes a pensar primero lo que vas a preguntar y cómo lo vas a preguntar, te darás cuenta de que, en muchas ocasiones, en la misma pregunta está la respuesta.

—¿Y si no es así? –preguntó de nuevo.

—Si no es así, al menos la mitad de las preguntas que te queden no merecerán ser respondidas… o quizás nunca deberían de hacerse en voz alta.

La joven hizo un gesto de fastidio.

—Mira –dijo–, yo quiero aprender…

—También querías aprender cuando estaba aquí el jardinero y no lo hiciste –le interrumpió el aprendiz–. ¿No te das cuenta de que te has pasado el tiempo poniéndote excusas para convencerte de que querías, pero siempre había algo que te lo impedía?

La mujer frunció el ceño, como si algo hubiera sido alcanzado en su interior.

—Ahora, estás disfrazándolo todo con una barrera de preguntas –prosiguió el aprendiz. Y, luego, en un tono más suave–, en lugar de ir a lo que de verdad importa.

—¿Y qué es lo que de verdad importa? –se atrevió a intervenir ella.

El aprendiz sonrió divertido.

—¡Observar! –le dijo, vocalizando con precisión la palabra.

—¿Observar?

—¡Sí! –exclamó el aprendiz–. No hables tanto y observa más. Observa fuera de ti: el jardín, las flores, los árboles, el manantial, las gentes… Y observa dentro de ti: lo que piensas, lo que sientes y lo que te hacen sentir las distintas formas de vida y los elementos de la naturaleza. Observa tus dudas y hazte preguntas; preguntas bien hechas. Si lo haces así, obtendrás la respuesta tú sola. Y si alguna pregunta se te resiste, entonces pregúntame a mí.

»Si realmente quieres aprender, no existe nada que te lo impida. No hay obstáculos físicos ni emocionales. No hay impedimentos externos a ti.

»Si realmente quieres aprender, hazlo. Así, sin más.

»Las margaritas no van preguntando por ahí qué tienen que hacer para convertirse en margaritas. Los robles no me preguntan a mí qué deben hacer para inventarse las bellotas o para dibujar sus hojas. Simplemente, lo hacen. Toda la información está dentro de ellos. Todo lo que necesitan saber lo depositó en su corazón la Vida en el principio de los tiempos.

»Si quieres aprender la jardinería del espíritu, si de verdad quieres aprender los secretos del espíritu, simplemente deséalo; deséalo y observa.

Al fin se detuvo, y entonces tomó conciencia del vendaval de palabras que se había desencadenado en sus labios.

La mujer, al ver la expresión de confusión que había quedado al final en el rostro del aprendiz, se echó a reír.

—No te rías —dijo él, también entre risas—. Lo que te he dicho iba muy en serio.

—Sí. Me he dado cuenta —respondió ella sin dejar de reír.

—Bueno —concluyó el aprendiz—. Al menos, sí sabes algo en lo que me insistió mucho el jardinero.

—¿Sí? —dijo ella sorprendida y sin dejar de reír—. ¿Qué?

—Que es lícito tomarse con humor hasta las cosas más serias.

Agujeros vacíos

¿Qué estás haciendo? –preguntó la niña de los ojos negros a un gnomo que estaba cavando junto a una seta enorme.

—Estoy buscando un tesoro –le respondió el gnomo sin siquiera mirarla.

—¡Ah, claro! –exclamó la niña–. Haces eso para sentir que estás vivo, ¿no?

El gnomo se detuvo en seco.

—¿Cómo lo sabes? –preguntó encarándose a ella con el ceño fruncido.

—No sé. Lo habré oído en alguna parte –respondió la niña quitándole importancia.

El gnomo levantó una ceja y observó con atención a la pequeña.

—¿Y te parece mal que esté buscando un tesoro para sentirme vivo? –preguntó como si quisiera someterla a una prueba.

—¡Oh, no! –exclamó la niña–. Cada uno se divierte como quiere. Pero me da pena que te pases la vida mirando agujeros vacíos en el suelo.

El gnomo se quedó mudo, y la niña, sintiendo que no tenía nada más que hacer allí, dijo:

—Bueno, me voy a jugar. Adiós. —Y se fue dando saltitos por el sendero.

El gnomo quedó confundido y perplejo, mirando el pico que sostenía entre las manos. Y luego, con la decepción dibujada en el rostro, lo echó en el hoyo que había estado cavando y se fue a casa.

La dama del lago

E l lago estaba sumido en una profunda quietud cuando los primeros rayos del Sol comenzaron a bañar de oro los torreones pétreos de las montañas. El silencio del pequeño valle sólo se veía adornado con el ocasional canto de un ruiseñor lejano, oculto en las arboledas de las orillas.

Cuando el joven de la mirada soñadora asomó al elevado saliente del camino que daba al valle, se sintió profundamente turbado por la belleza de aquel lugar. Ahora vislumbraba por qué el jardinero amaba tanto aquel lago, por qué se retiraba allí siempre que tenía ocasión.

Se sentó a la orilla del sendero. Desde sus alturas podía contemplar gran parte de la superficie del lago. Sus aguas, aún con el verde oscuro de la noche, parecían abrazar con ternura la pequeña isla que asomaba en la esquina más cercana al improvisado mirador del joven. En medio de ella se elevaban algunos pinos, dándole la apariencia de un pequeño mundo en medio de un universo acuoso.

Al fondo, la pantalla de las montañas no dejaba que el Sol inundara el valle con su luz hasta bien entrada la mañana. Y esto, a pesar de los resquicios que dejaba la garganta que, desde la distancia, venía a desembocar en el lago entre paredes y espolones de roca. Por encima, como vigilando el angosto cañón desde las alturas, los farallones rocosos adquirían el aspecto de un viejo castillo que se hubiera fundido con la montaña bajo el hechizo de algún mago de extraño nombre.

No había duda de que aquel lago era un lugar muy especial.

Tras disfrutar plácidamente con la contemplación de un paisaje tan bello como misterioso, el joven de la mirada soñadora tomó el sendero que descendía hasta el lago, entre frutales cuajados de flores y poderosos y ancianos olivos. Quería sentir más de cerca lo que había sentido desde la atalaya del camino, pero también deseaba conversar con una mujer, una dama que había sido muy amiga del jardinero.

Por las indicaciones que le había dado el aprendiz, sabía que podría encontrar a la mujer con las primeras luces del día en las orillas del lago, en unas viejas escaleras que en otro tiempo sirvieran de embarcadero, lugar al que solía ir la dama cada mañana para entregar su alma a la belleza y la quietud del lugar.

Allí la encontró, su silueta solitaria contra la inmensidad de las aguas del lago, abismada en el mundo al que sus ojos abrían el pórtico.

Por un instante dudó en dirigirse a ella, por no turbar su contemplación, aunque también por alargar en su retina la estampa que se le ofrecía a la vista. Al fin se acercó y, con el sonido de sus pasos, la mujer se percató de su presencia.

Estuvieron hablando durante un buen rato en voz baja, como no queriendo turbar la paz del ambiente. El joven soñador le contó cómo había llegado al jardín en busca del jardinero, le habló de su decepción y de su encuentro con el aprendiz, y le dijo los motivos que le habían llevado a buscarla en el lago. La dama, por su parte, escuchó en silencio y con gentileza todo lo que el joven tenía que decir, animándole con preguntas y comentarios cuando él, un tanto turbado, no acababa de encontrar expresión a sus pensamientos.

Al fin, después de quedar expuestos los motivos de la visita, cayó el silencio sobre ellos. El lago se volvió a hacer presente en sus conciencias con toda la fuerza de su presencia, con el latido sordo de su vida contenida.

El joven se abrió al paisaje tal como lo veía la mujer todas las mañanas. De cuando en cuando, las aguas del lago batían con un suave golpeteo los últimos peldaños de la escalera, y mientras, en la distancia, se podían escuchar las cada vez más tímidas incursiones melódicas del ruiseñor.

Una profunda calma envolvió su corazón.

—Quizás comprendas ahora por qué le gustaba tanto al jardinero venir a este lago –dijo la mujer suavemente.

—Sí. Creo que empiezo a comprender –susurró el joven.

Una tenue sonrisa se deslizó en el rostro de la mujer.

—Hay lugares en la Tierra que hablan directamente al alma de todo aquel que se sumerge en sus silencios y se deja acariciar por el arrullo tierno de sus sonidos –dijo–. Ésta es la magia de la tierra, la que nos devuelve a nuestro origen, a nuestra esencia como hijos suyos y del cielo.

—Por eso él venía aquí –pensó el joven en voz alta.

—Y por eso yo vivo aquí –agregó la dama.

—¿Y es en lugares como éste donde uno puede encontrar lo que su alma busca?

El joven la miraba ahora con un punto de tristeza en los ojos.

—Sí. Aquí, en el jardín en donde vives y en otros muchos lugares –dijo la mujer–. El mundo está lleno de paisajes para el alma anhelante. Solamente hay que buscarlos con el oído del corazón atento y, más pronto que tarde, la paz te hace saber que has encontrado uno de ellos.

El silencio se alió con el ágil trino del ruiseñor en la distancia.

—¿Fue usted la que le mostró este lugar al jardinero?

—Sí, fui yo –respondió ella–. Mis padres me trajeron aquí por vez primera siendo casi una niña, y no mucho después mi corazón había quedado prisionero del lago.

»Aquí traje al jardinero poco después de su llegada a estas tierras, y por sus senderos encontró lo que su alma reclamaba desde mucho tiempo atrás.

Un cálido soplo de ternura transfiguró los rasgos de su cara.

—¿Adónde le habrán llevado sus pasos? –dijo casi en un suspiro–. Buscó y encontró. Y luego supo que tenía que seguir buscando; aunque, entonces, ya más plácidamente, como aquel que simplemente juega a buscar.

El joven de la mirada soñadora hizo un gesto de extrañeza. No terminaba de entender lo que la mujer estaba diciendo.

—Oh, no te preocupes –dijo ella al percatarse de la turbación del joven–. Son cosas que sólo se entienden entre amigos muy cercanos, amigos que han visto paso a paso la vivencia del otro; la confusión, las dudas, los temores, el desconcierto en el que la Vida nos sumerge a todos, pero quizás más a los que no se conforman con los senderos trillados.

La dama hizo una pausa para mirar al joven y, acto seguido, añadió:

—Y es que, tanto él como yo, fuimos siempre unos rebeldes.

Su mirada se volvió a perder en la lejanía de los montes.

—Quizás por esto nuestra amistad haya ido más allá de lo que la mayoría de la gente alcanzaba a entender –continuó–.

La gente sólo entiende que las personas se relacionen entre sí en formas definidas y marcadas, sin tener en cuenta que los sentimientos pueden adoptar formas infinitas y llevar a otros modos de relación, sin necesidad de entrar en los tópicos malintencionados con que se regodean algunos.

«Las personas tenemos más matices y más riqueza en nuestro corazón de lo que algunas visiones del mundo nos quieren atribuir, sin tener que recurrir a extraños o inconfesables enlaces que no necesitan las almas libres».

En los ojos del joven se adivinó una mirada de respeto. Aquella mujer demostraba una profundidad que no había podido suponer en un primer momento.

Ante su nuevo silencio, desvió la mirada para no incomodarla.

El lago batió una vez más en los peldaños inferiores de la escalera, mientras el Sol avanzaba inexorablemente ladera abajo por las montañas que antes cubrían las sombras.

—¡Qué amistad más hermosa! —exclamó al fin el joven, volviéndose de nuevo hacia la dama.

—Sí —dijo ella bajando los ojos—. Nuestra amistad ha sido limpia, inmaculada. Sin presiones ni puntos oscuros. Hemos sido amigos sin darle importancia a la palabra amistad, casi ignorando lo que el concepto pudiera significar para uno u otro. Hemos sido amigos casi por instinto, sin más consideraciones ni explicaciones racionales.

—Él tenía su vida y yo la mía. Pero en medio del abismo que separaba nuestros mundos se levantaba robusto e inconmovible el puente de nuestro cariño, y en él nos encontrábamos de vez en cuando para charlar y compartir dudas y sinsabores, descubrimientos y alegrías.

»Él ha sido y es mi amigo. Y yo su amiga, esté donde esté…

Calló por un instante, como buscando las palabras, y, al fin, concluyó:

—Es así como la Vida quiso que nos tratáramos… y nos quisiéramos.

El suave trino del ruiseñor cesó en la lejanía, como en un tributo de silencio por la nobleza de los sentimientos que se extendían por el lago, y las aguas se inmovilizaron por un instante ante la mirada atónita del joven. Todo en el lago parecía responder a lo que el corazón de aquella mujer había lanzado al infinito.

El joven de la mirada soñadora se volvió hacia la dama con una expresión extraña, mezcla de incredulidad y respeto. Y la mujer, comprendiendo su sorpresa, le dijo con dulzura:

—Mi alma está unida a la del lago. Y cuando lloro, el lago entero me consuela.

Eternidad

Un rumor de hojas secas recorre el regazo de los discretos senderos. Es el tributo debido al viento, que surca el valle con su dulce soplo.

El aire se estremece con la luz de la mañana, y una profunda quietud exhala su aromático hálito sobre el corazón callado.

Los insectos zumban. En voz baja, entonan sus himnos al Sol. Y, mientras tanto, el lago palpita bajo el verde profundo de sus aguas.

No hay más mundo que el que ven tus ojos ahora, en este instante. No hay más horizontes, salvo los que guarda el recuerdo en sus arcas cristalinas.

Pero ¿para qué recordar, si la paz me invita desde las plácidas aguas del presente?

Rugen las horas y los días desde algún lugar perdido en las nieblas de mi memoria. Gritan las sombras de los actores que fuimos en algún lugar que ni siquiera existió.

Nada me alcanza en el presente eterno de la consciencia pura y sin conceptos que contempla el lago.

Sólo el lago.

Sólo…

…

El encuentro

En todo el tiempo transcurrido desde que el aprendiz comenzara a hablar con árboles y plantas, se podría decir que su experiencia al respecto había pasado por tres etapas distintas.

En una primera fase se había entregado al arte de hablar con las distintas especies vegetales con cierta reluctancia, lógica por otra parte, en cuanto a la posibilidad de que algo o alguien respondiera a sus aparentes monólogos.

En una segunda fase, comenzó a imaginar que las plantas le hablaban, y pensó que, cuando menos, aquello resultaba más divertido y no era tan árido como los densos monólogos del principio.

Por último, había llegado a un punto en que las respuestas de las plantas y los árboles habían comenzado a sorprenderle, haciéndole pensar que aquello no podía ser fruto de su imaginación, y eso le había llevado a pedir instrucciones acerca de cómo tratarlos en caso de enfermedad o de qué manera hacer las diferentes manipulaciones a las que tenía que someterlos a lo largo de las estaciones.

Y el caso es que, aunque seguía albergando serias dudas sobre la «realidad» de aquello, no podía negar que los consejos e instrucciones que le daban… funcionaban.

En ésas estaba un día, charlando amigablemente con una violeta silvestre, cuando de pronto le pareció ver algo muy extraño entre las flores.

Apartó con rapidez las manos de la planta y sintió el ascenso de una ola de electricidad que le erizaba la espalda.

Durante unos instantes estuvo indeciso, sin saber qué hacer. Por su cabeza había pasado una idea que no se atrevía a contemplar. ¿Debía apartar las ramas y comprobar si era verdad lo que le había parecido ver? ¿O quizás sería mejor irse y olvidarse de aquello?

Estaba debatiéndose en la duda cuando, súbitamente, por entre las violetas, apareció un rostro diminuto de ojos rasgados que le sacaba la lengua.

El aprendiz ahogó un grito.

De pronto, el hada se detuvo y miró fijamente a los ojos del joven, con la boca medio abierta y las cejas arqueadas.

¡Quizás…, quizás él la había visto! ¡Y ella…, ella burlándose de él!

Horrorizada ante la idea de que, realmente, el aprendiz hubiera aprendido a «ver» y la hubiera pillado *in fraganti*, el hada salió de la planta como una exhalación y se perdió en la espesura de los árboles, mientras el aprendiz, espantado, caía de espaldas al suelo y, sin perder de vista «aquello», se ponía en pie con una agilidad que jamás habría imaginado en sí mismo.

—¡No puede ser! ¡No puede ser! –iba diciendo, sin rumbo fijo por el jardín, cuando por fin acertó a poner en marcha su lengua.

Como niños

—¿Qué te pasa? –le preguntó la niña de los ojos negros al aprendiz, que llegaba con el rostro desencajado.

El aprendiz la miró como si estuviera sonámbulo.

—¿Eh? ¿Qué? –acertó a articular.

—Que qué te pasa –insistió la niña elevando el tono de voz.

El aprendiz se situó al fin. Tomó conciencia de que a quien tenía delante era la niña de los ojos negros, y ella parecía ser toda una «experta» en el tema.

—¿Podemos hablar un rato? –le preguntó el aprendiz a la niña.

—Sí, claro –dijo la niña–. Y luego jugamos un poco, ¿vale?

El joven no contestó. Simplemente, se sentó en el suelo, apoyando la espalda en la piedra de la alberca del Manantial de las Miradas.

La niña le imitó.

—¿Qué te ha pasado? –volvió a insistir la niña.

El aprendiz la miró angustiado.

—Que he visto un hada –dijo con voz temblorosa.

—¡Ah! ¡Sólo era eso! –había cierto tinte de desilusión en su voz.

El aprendiz levantó una ceja.

—Muchas hadas son amigas mías –explicó la pequeña–. Las hay que tienen alas de mariposa y las hay que tienen alas de libélula.

—¡De ésas! –interrumpió el aprendiz con nerviosismo–. ¡Una de ésas creo que era la que yo he visto!

—Sí, ésas son muy divertidas –prosiguió la niña sonriendo.

—Sí. Ya.

El aprendiz torció la boca con ironía.

—Y también hay duendes y gnomos… –siguió la niña–, y elfos.

—¡¿Todo eso?!

—Sí –respondió la niña escuetamente.

El joven se rascó la cabeza. Si se había vuelto loco, iba a tener todo un mundo de locos que descubrir.

—No. No te has vuelto loco –le dijo la niña como adivinando sus pensamientos–. Sólo es que ahora eres un poco más como yo, un poco más niño.

Y como si la última palabra le hubiera recordado algo, se levantó de un salto y tirando de la mano del aprendiz, le dijo:

—¡Venga! ¡Vamos a jugar!

¿Alguien cree en las hadas?

—¿Tú crees en las hadas? —le dijo de improviso la niña de los ojos negros al viejo médico.

El hombre sonrió, al tiempo que detenía su paso vacilante y buscaba apoyo en la gruesa rama de un cerezo.

—Nunca creí en las hadas —contestó el hombre—. Pero, si tú me dices que existen, estoy dispuesto a creer en ellas a partir de ahora.

La pequeña sonrió, y percatándose de que el aprendiz la iba a alcanzar en su juego, salió corriendo mientras emitía un agudo grito.

Cuando el aprendiz llegó a la altura del anciano, se detuvo a saludarle.

—¿Tú crees en las hadas? —le preguntó divertido el hombre al aprendiz.

—¡No me haga esa pregunta, por favor! ¡Hoy, no! —respondió.

—¿Sabes una cosa? —dijo el anciano sin perder el buen humor—. Esa niña me ha enseñado en unos pocos días más cosas de las que he podido aprender en los últimos veinte años de mi vida.

—¡No me diga que le ha hecho ver hadas! —exclamó el aprendiz levantando las cejas.

—No. Aún no –dijo el viejo recalcando el «aún»–. Pero no puedo negar esa posibilidad.

—¿Cómo es eso? –preguntó el joven intrigado.

—No sé cómo, pero… –vaciló el anciano, mientras bajaba la cabeza–. He tenido que hacerme viejo para darme cuenta de que la realidad adopta la forma que nosotros le damos. Depende de nuestras creencias, de nuestra visión de las cosas, de nuestras expectativas… Si no creemos en algo, pasamos por alto los detalles o los indicios que podrían señalarnos su existencia y llevarnos así a la comprobación de su realidad. O, por el contrario, si creemos en algo, nos estamos abriendo a la posibilidad de que ese algo suceda en la realidad.

El aprendiz no dijo nada. Le interesaba lo que estaba diciendo el anciano.

—Desde pequeños nos dicen cómo es la realidad, y nosotros, salvo que tengamos la rebeldía que tiene esa pequeña que corre por allí, terminamos creyendo que es la única realidad posible.

El viejo médico levantó la mirada hasta encontrarse con los ojos del aprendiz.

—En definitiva, la realidad nunca fue absoluta. La creamos nosotros con nuestra mente.

Dudó un instante y, con una sonrisa, concluyó:

—Y, quién sabe, quizás con la ayuda de ese gran don que es la imaginación, aún esté a tiempo de ver hadas.

Los enamorados

L levaban ya varios días buscando el cálido abrazo de sus corazones en las inmediaciones del Manantial de las Miradas.

Eran un hombre y una mujer que, a pesar de su juventud, habían sufrido ya el profundo dolor de la pérdida de sus cónyuges. La Vida los había tratado con dureza en esos trances, pero ahora parecía haberse congraciado con ellos en el amor con el que los había unido. De nuevo volvían a sonreír a la vida esperanzados, aunque el temor a una nueva pérdida ensombrecía algunos de sus instantes.

Una mañana en que los rayos del Sol perforaban el dosel vegetal de los árboles del manantial, los ojos del hombre se posaron sobre una página olvidada por el joven de la mirada soñadora. La recogió del suelo y se la mostró a su amada. No sabían quién pudiera ser su dueño, de modo que se pusieron a leer lo que en ella había escrito.

No llores por las hojas marchitas del otoño, pues la nueva primavera traerá los brotes tiernos de la esperanza.

Con ella, nacerán flores frescas y lozanas, y tu alma cubrirá con sus fragancias las heridas que infligió el lacerante frío del invierno.

Olvida ya las lágrimas que anegaron tu pecho.

Quédate con la semillas puras y cristalinas en que las convirtió la Vida, forjadas a golpes de corazón en la fragua del tiempo.

¿No ves que es mejor elevar los ojos al cielo y dar gracias?

¿Acaso las piedras preciosas no se gestan en el ardoroso fuego y en las profundidades de la Tierra?

¿Acaso no soportan la oscuridad durante milenios antes de dejarse acariciar por los rayos del Sol?

Echa ya el pesado fardo de tus temores al abismo oscuro de donde surgieron, pues la dureza cristalina de tu alma jamás volverá a ceder a las embestidas del destino, y reflejará para siempre en mil destellos la diáfana luz del Sol, la Luna y las estrellas.

Los enamorados sonrieron, se miraron a los ojos y, sin decir nada, guardaron para siempre aquellas palabras en sus corazones.

Las reglas del juego

El joven de la mirada soñadora llevaba largo rato contemplando los cerezos. La primavera había madurado sus frutos al Sol y los había vestido de un rojo intenso, como si la misma sangre de la tierra se ofreciera a través de ellos; y ahora, decoraban con una rociada de color la gama de verdes de aquella esquina del jardín.

Casi adormecido en su contemplación, el joven se sorprendió al ver aparecer a la niña de los ojos negros por debajo de las frondas de los cerezos.

Cuando la pequeña se dio cuenta de su presencia, le envió una sonrisa y una mirada traviesa, y siguió estirando los brazos aquí y allá para alcanzar las gruesas y jugosas cerezas.

—¿Están buenas? –preguntó el joven con una sonrisa de complicidad.

—Ssss… Esdán mu buedaz –respondió la niña con la boca llena.

El joven soñador observó a la pequeña con ternura. Aquel pequeño demonio era una bendición para el aprendiz y para él, llenando con su presencia y su alegría muchos momentos de trabajo o de descanso por cualquier rincón del jardín.

—¿Por qué son tan rojas? –preguntó la niña acercándose a él con un puñado de cerezas en la mano.

—Para llamar la atención de niñas como tú –respondió él.

La pequeña sonrió.

—El cerezo hace rojos sus frutos –continuó el joven– para que los pájaros y las personas se los coman.

La niña entrecerró los ojos.

—¿Quieres decir que el cerezo quiere que nos comamos sus frutas?

—Sí, así es.

—¿Y por qué nos regala sus cerezas?

—Porque, de este modo, las personas y los animales esparcimos sus semillas por otros sitios y crecen más cerezos.

La pequeña sonrió al comprender.

—Y esos cerezos darán comida a más personas y animales que harán crecer más cerezos, que darán comida a más personas...

La niña interrumpió su juego sin fin con una aguda risa, y luego, sacándose con los dedos un hueso de cereza de la boca, lo lanzó a lo lejos con un rápido movimiento.

—¿Y esto sólo lo hacen los cerezos? –preguntó volviéndose de nuevo hacia el joven.

—Oh, no –respondió él–. Hay muchos árboles y plantas que hacen lo mismo. Y también animales. Muchas especies dan sus frutos a otras especies para que puedan crecer, y de esa manera todas juntas se ayudan a vivir.

—¿Quieres decir que es como un juego? –dijo la niña, más como una afirmación que como una pregunta.

—Sí. Se podría decir que es como un juego –respondió divertido el joven soñador.

Y cambiando de repente su semblante, añadió:

—Aunque, muchas veces, los hombres rompen las reglas del juego.

La niña se quedó pensando un segundo en lo que habría querido decir el joven, al cabo del cual, sin darle más importancia, le dijo:

—No te preocupes, algún día seremos tan listos como los árboles y los animales, y nunca más haremos trampas en el juego.

Un poco de ayuda

No era un tocón demasiado grande. Era simplemente el trozo de tronco que quedaba de un frutal que no había llegado a envejecer. Pero sus raíces seguían muy bien aferradas al suelo, y el aprendiz estaba sudando copiosamente con sus insistentes intentos por arrancarlo.

Se detuvo con la respiración agitada por el esfuerzo y se sentó en el suelo, delante del tocón. «Piensa un poco. ¡Piensa!» se dijo a sí mismo sin quitar la vista de su objetivo.

De pronto, se le ocurrió. ¿Y si pidiera ayuda a las hadas, a los duendes, los gnomos o quienquiera que se encargue de las raíces en esos mundos?

Desde el episodio con el hada burlona no había querido saber nada del tema, a pesar de que la niña le había estado hablando, contra su voluntad, de los distintos trabajos de estos seres. Y, por otra parte, ya no había vuelto a ver hadas.

La niña decía que sólo había que imaginarlas y podías hablar con ellas.

Quizás…

El aprendiz cerró los ojos y, durante un buen rato, mientras se calmaba definitivamente su respiración y se le enfriaba el sudor en el cuerpo, estuvo metido en su interior. Al cabo de ese tiempo volvió al mundo exterior, se puso en pie y, con una mirada decidida, se dirigió al pertinaz tocón.

—A ver qué pasa —musitó entre dientes, y aferrando con fuerza los asideros que pudo encontrar, tiró del tronco hacia él con todas sus fuerzas.

Los ojos se le abrieron como platos, sorprendido, mientras caía hacia atrás abrazado a su presa. El tocón, junto con las raíces, se había desgajado limpiamente de la tierra y, con la violencia del esfuerzo, el aprendiz había caído de espaldas en el suelo.

Se incorporó rápidamente hasta quedar sentado, apoyando los brazos atrás y con las piernas abiertas, mirando alternativamente el tocón a su lado y el agujero que había quedado en el suelo. Y luego, recapacitando, apoyó la barbilla en el pecho y, en un suspiro, exclamó:

—Está claro que todavía soy un aprendiz.

Sólo para él

El Sol de los últimos días de la primavera desplegaba su fulgor sobre los campos fecundos y las boscosas colinas que se abrían al oeste del jardín. Un océano de vida pulsaba suave y delicadamente en todo lo que se extendía ante su vista, insinuando con sus colores y matices la multiplicidad inabarcable de sus manifestaciones.

El viejo médico lo contemplaba todo desde el silencio de su alma, desde la paz que, con los días, había alcanzado, al sentir en su corazón que todo estaba en orden, que la Vida no le había abandonado ni le abandonaría jamás, pues él formaba parte de su esencia.

Sus ojos, que tanta vida contemplaran, lo observaban todo como si fuese nuevo, como si el mundo que se extendía ante él perteneciese a otro universo desconocido y maravilloso.

«Es un buen día para morir», pensó el anciano cerrando suavemente los ojos por un instante.

—¡Hola!

Oyó de pronto la vocecilla de la niña, de su niña, acercándose hacia él.

—He visto una mariposa grande, preciosa, volando por aquí cerca —dijo con la complicidad que le daba la experiencia que habían vivido juntos—. Era de color rojo, brillante, y tenía las alas más largas que las demás. ¿La has visto tú?

El viejo médico movió la cabeza negativamente, mostrándole una sonrisa recién nacida en el rincón más profundo de su pecho.

—¿Cómo estás? ¡Pareces triste! –dijo la niña al darse cuenta del extraño silencio del anciano.

El hombre acarició torpemente su cabeza.

—No. No estoy triste –le dijo con cierto esfuerzo–. Dejé de estar triste cuando te conocí.

La pequeña volvió a sonreír.

—Pues entonces me voy –dijo–. Mi madre debe de estar buscándome.

Y, mientras se alejaba, añadió:

—Y si ves a esa mariposa da un grito, que yo vendré corriendo.

El hombre afirmó con la cabeza.

No. No estaba triste.

Aquella niña le había abierto las puertas a una nueva vida de paz y serenidad, una nueva vida destinada a durar tan sólo unas semanas, una corta primavera. Pero tan rica y plena como nunca antes hubiera podido imaginar.

Era la corona de oro a toda una vida llena de instantes de todos los colores y gustos. Una vida, al fin, como cualquier otra vida, pero íntima y entrañable para el que la conserva entre los algodones de sus recuerdos.

Sus recuerdos.

De pronto, se le agolpaban todos ante el ojo de su mente. Parecían surgir desde todas partes, regresando desde todos los instantes de su vida. Nítidos, vívidos, directos…

Incluso los recuerdos de su infancia, largo tiempo olvidados, renacían de las cenizas para ofrecérsele tiernamente envueltos con el aroma de la nostalgia, al calor de las fogatas del invierno que ya nunca volverían, pero que quedaron para siempre en su pecho infantil.

Toda una vida...

El anciano respiró profundamente y cerró los ojos. Le suponía mucho esfuerzo mantenerlos abiertos. Y, sin embargo..., sin embargo..., ¡era tan hermoso el paisaje que la primavera le había regalado aquel día!

Tenía que abrirlos una vez más..., aunque sólo fuera una vez más...

Quería guardar para siempre la imagen de las viñas brillantes bajo el Sol, de los montes poblados de pinos..., de aquella ladera lejana vestida de olivos...

Abrió los ojos por fin, y una mariposa roja de largas alas vino al encuentro de su mirada.

El anciano pensó en la niña. Tenía que avisarla, pero... sabía que su garganta no iba a emitir sonido alguno.

Ella lo comprendería. Ella podía comprenderlo todo, mejor incluso que los adultos.

Aquella mariposa sería para él... Sólo para él...

La contempló con el esbozo de una sonrisa, mientras danzaba en el aire delante de sus ojos. Y de pronto, una vez más inexplicablemente, la mariposa hizo un giro imposible y se posó sobre su mano inerte.

Su corazón saltó de gozo en el pecho. No había duda. Aquella mariposa era sólo para él..., sólo para él...

Una certeza profunda, inabarcable, le dijo que sí, que era cierto aquello que había querido creer el día que conoció a la niña: que había mariposas en el cielo.

Una capa cristalina y temblorosa cubrió sus ojos, al tiempo que la paz más profunda que jamás hubiera sentido inundaba su ser.

«Sí. Hay mariposas en el cielo…» todavía alcanzó a pensar, mientras una lágrima corría por su mejilla hasta caer en la sonrisa de sus labios.

Y luego, lentamente, cerró los ojos para siempre.

Despertar

L a muerte del viejo médico afectó profundamente a los habitantes cotidianos del jardín. Le habían visto enamorarse de los árboles y las flores, llenarse de infancia contemplando a las ardillas, extasiarse con el canto de los mirlos y los ruiseñores. Habían compartido con él solamente las últimas semanas de su existencia, pero habían sido precisamente los días de su apoteosis, como una estrella fugaz que, oscura e invisible en el firmamento durante milenios, iluminara los cielos con su fulgor en un instante efímero pero magnífico.

Lo encontró la niña de los ojos negros. Con la mariposa roja aún sobre la mano. Con la serena sonrisa de los justos en el semblante.

Para ella no fue un trauma. Eso son cosas que sólo les pasan a los mayores porque, en su corazón, luchan frenéticamente contra lo inevitable. Pero, durante algunos días, sí le dio en qué pensar.

Aquel final de primavera vio crecer el alma de la niña junto al Manantial de las Miradas. Allí se pasaba las horas, sentada sobre la piedra de la alberca, contemplando los reflejos del agua, agitando de vez en cuando la superficie con una ramita. Las suaves brisas del levante acostumbraban a dibujar suaves ondas con la caída de la tarde, y era entonces cuando la niña tomaba el camino de la cabaña y buscaba la compañía del aprendiz o del joven de la mirada soñadora.

Fue uno de aquellos días cuando, al fin, se decidió a hablar de lo ocurrido con el aprendiz, abordando el tema de un modo natural, lejos de las actitudes sombrías nacidas del tabú.

—¿Qué pasa después de la muerte, aprendiz? –preguntó con su habitual inocencia.

El joven miró a la niña con ternura. De algún modo, se había preparado mentalmente para algo así.

—No lo sé, bonita. Nadie lo sabe –respondió gravemente–. Unos dicen que seguimos viviendo en un lugar invisible, lleno de luz. Otros dicen que ahí se acaba todo y que nuestra consciencia se apaga como las ascuas del fuego en el hogar. Pero tanto unos como otros no pueden hacer otra cosa más que creer. Nadie puede afirmar nada.

—¿Y tú? –insistió la niña–. ¿Qué crees tú?

El aprendiz bajó la mirada, y recordó la última conversación que había mantenido con el viejo médico.

«En definitiva, la realidad nunca fue absoluta –le dijo el anciano como transmitiéndole un secreto–. La creamos nosotros con nuestra mente».

El joven volvió a mirar a la niña sin saber si iba a comprender lo que intentaría explicarle.

—Yo creo… –dudó–, creo que la muerte no es lo mismo para todos. Para unos, quizás sea la manifestación de sus mayores temores; para otros, la realización de sus ideales más elevados; mientras que, para otros más, puede ser como un largo sueño o un duermevela.

»Yo creo que cada uno diseña su propia muerte, según su conciencia, sus ideas y sus actitudes, según su visión de las cosas y la forma en que vio el mundo que le rodeaba.

La niña dibujó una amplia sonrisa.

—Entonces, el viejo médico debe de estar ahora en un lugar lleno de mariposas y de ardillas, en un jardín como éste, donde las flores vuelan por el cielo, ¿no?

Al aprendiz se le hizo un nudo en la garganta al recibir el impacto de la luminosa realidad de la pequeña.

—Sí. Supongo que sí –acertó a decir.

La niña le miró con aquellos ojos profundamente negros, y el aprendiz sintió que era la Vida la que le miraba, la que le decía desde más allá de aquel firmamento estrellado de sabiduría que ésa era la verdad, la verdad que sólo un anciano que había aceptado la muerte y una niña que seguía creyendo en las hadas podían alcanzar; una verdad que se encontraba más allá de la soberbia de los sabios del mundo, de la ceguera de los que se atribuyeron a sí mismos el cargo de mediadores entre los hombres y el cielo, más allá de la mezquindad de los que cruzan la vida aferrándose a unas verdades de papel que el tiempo nunca respetó, de unas verdades de barro que sólo servían para moverse en el lodo de la estupidez humana.

Y dentro de aquellos ojos encontró el aprendiz la certeza, la profunda certeza más allá de toda duda, de lo que el anciano médico le había dicho en cuatro palabras: que la realidad la creamos con nuestra mente, que somos dueños de la realidad que vivimos, que el teatro es nuestro y nosotros decidimos la obra que se va a representar y el papel que vamos a interpretar en ella.

Sólo había que despertar, como había despertado el anciano al aceptar su muerte, como despierta estaba la niña a pesar de los esfuerzos de los mayores por encerrarla en la jaula de sus creencias y sus conceptos masoquistas. Sólo había que despertar, como había despertado el jardinero tiempo atrás en el bosque viejo para decirle que había sentido el alborozo simple de un niño, jugando en las playas de la eternidad junto al infinito océano de la existencia.

Despertar del sueño de la vida para contemplar la verdadera Vida, aquella que contemplaba la niña, la que había descubierto el viejo médico en los últimos días de su existencia, la que se había llevado el jardinero dentro de su pecho más allá del horizonte, más allá de todos los horizontes del mundo.

El aprendiz acarició el cabello de la niña.

—Tú sabes mejor que nadie dónde está ahora el viejo médico –le dijo muy suavemente–. Y sabes muy bien cómo son esos mundos que los mayores no queremos ver.

La niña pareció complacida con la respuesta del aprendiz. Levantó los brazos hacia él como pidiéndole que se agachara, y el joven se inclinó hacia la niña.

—Gracias –le dijo ella mientras depositaba un tierno beso en su mejilla.

Y, sin más palabras, se fue dando saltitos por el sendero que salía del jardín.

El aprendiz se quedó observándola mientras se alejaba.

«La vida es un juego –pensó–, y, de eso, los niños saben más que nadie».

Y con los ojos vidriosos por la emoción contenida, exclamó en un susurro:

—No dejes que te duerman con sus cuentos sombríos.

El sueño

Aquella noche, los sueños del joven de la mirada soñadora no habían sido los habituales, y se había despertado con una sensación extraña.

Nada más abrir los ojos tomó conciencia de que había estado hablando con el jardinero. Él no había llegado a conocerlo. Cuando llegó al jardín hacía ya un largo año que había partido, pero sabía que era él el que le sonreía en sus sueños.

Por otra parte, el sueño había resultado extrañamente coherente, igual que aquel que le llevó a tomar la decisión de abandonar el hogar paterno y partir en busca del hombre que ahora le hablaba en sueños. Aquella vez fue la visión de un jardín que, luego, no por casualidad, había reconocido en algunos de los rincones del vergel que ahora conocía tan bien. Pero, en esta ocasión, era el mismo jardinero —sabía que era él— el que venía a llenar de nuevo su alma de inquietud.

«Ven», le había dicho mientras le miraba con una serena sonrisa.

Le habló de su sueño al aprendiz cuando despertó, cara a cara, sentados aún en las camas, y el aprendiz bajó la cabeza sonriendo.

—Sabía que, más pronto o más tarde, partirías en su busca —dijo, mientras le miraba de un modo que no podía ocultar el cariño que sentía por él.

El joven soñador sonrió también. Sí, de algún modo, él también sabía que tarde o temprano terminaría por ir en busca del jardinero.

—Tienes que partir –afirmó el aprendiz con decisión–. El jardinero me habló en cierta ocasión de algo que él llamaba el lenguaje de la Vida, y dijo que era el modo en que la Vida se comunica con uno y le da mensajes. Si en tu corazón sientes esa certeza, una certeza que no sabes de dónde viene pero que disipa toda duda, que lo inunda todo de claridad, es que la Vida te ha mandado un mensaje. Y los mensajes de la Vida se han de seguir al pie de la letra.

—Lo sé –dijo el joven soñador bajando la cabeza.

Un silencio pesado cayó sobre los dos jóvenes.

—Te voy a echar de menos –dijo al fin el aprendiz con una expresión triste.

—Y yo a ti… –respondió el otro– y a la niña… y al jardín…

Se echaron a reír los dos de un modo lento, como con desgana. Era la risa habitual que habían compartido durante todo un año, pero ahora con un matiz triste y apagado, sin la chispa que les hacía pasar tan buenos ratos.

Un rayo de Sol entró en la cabaña y llenó el aire de un resplandor casi sobrenatural. Los dos jóvenes se pusieron en pie y, sin mediar más palabras, se fundieron en un abrazo.

La invitación

La víspera de la noche de San Juan, el aprendiz se llevó el susto de su vida. Al igual que ocurriera años atrás con el jardinero, un elfo de mediana estatura apareció en el secreto de la noche y le invitó, en nombre de las hadas y de todos los espíritus de la naturaleza, a compartir con ellos la fiesta de celebración del fin de sus trabajos.

Ni que decir tiene que no pudo negarse a la invitación, que su deseo por conocer las múltiples posibilidades de la realidad –una realidad, por otra parte, tan hermosa como aquella– fueron mayores que su temor a lo desconocido y a la locura, y que lo aprendido con el viejo médico y la niña le obligaban a avanzar, aun sin saber dónde iba a poner sus pies.

Y aquella noche, su amigo, el joven de la mirada soñadora, le vio bailar solo entre los fresnos y las madreselvas, como un niño que hubiera estado amordazado y maniatado durante días y, de pronto, hubiera recobrado la libertad. Y supo que su amigo no se había vuelto loco, porque sabía con quién estaba, a pesar de que él no podía compartir todavía su mundo. Y se alegró por él. Al menos, su partida no iba a traerle soledad a aquél a quien tanto debía. Ahora iba a estar muy acompañado en los momentos solitarios del jardín. Tendría mucho que ver y aprender, mucho que compartir y soñar.

En los días que siguieron a la noche de San Juan, todo el mundo en el pueblo hablaba del resplandor dorado de la nariz del aprendiz, y de cómo, tiempo atrás, habían visto también aquel mismo fenómeno en el rostro del jardinero.

Y la niña, ignorando las exigencias de su maestro y ante la sonrisa incrédula de los mayores, no se cansó de repetir una y otra vez que lo que le pasaba al aprendiz era que las hadas le habían dado un beso en la nariz.

El sendero de los locos

¿Dónde vas a buscar al jardinero? –preguntó el aprendiz con una expresión de tristeza contenida.

—No sé –respondió el joven de la mirada soñadora–. Me iré de aquí por el camino por el que él se fue y luego… me dejaré llevar por el corazón, o por mis sueños… o por cualquier cosa que la Vida me envíe para orientarme.

—Entonces, lo encontrarás –afirmó el aprendiz.

Los dos jóvenes se miraron a los ojos en silencio. Luego, el aprendiz desvió la mirada hacia la bolsa en la que su amigo llevaba sus pertenencias y, forzando una sonrisa, dijo:

—Cuando veas a ese viejo loco le das un abrazo de mi parte… y le dices que aquí todavía se le quiere.

El joven de la mirada soñadora asintió con la cabeza.

Se abrazaron. Un abrazo largo, sentido.

—Adiós. Y sé feliz –dijo el que partía.

Se separaron. El joven soñador no quiso alargar más la tristeza y, asiendo su bolsa del suelo, se alejó por el sendero que salía del jardín.

Aún se volvió una vez más para mirar a su amigo, de pie en la puerta de la cabaña, viéndole alejarse por el mismo camino que dos primaveras atrás había tomado el jardinero.

Fue entonces cuando vio a la niña de los ojos negros agazapada detrás de la valla del jardín.

—Adiós –le dijo la niña al verse descubierta.

El joven soñador se detuvo y, lentamente, retrocedió hasta donde estaba ella. Se agachó para ponerse a su altura y, con una ternura infinita, le dijo:

—Allá donde vaya te recordaré. Y cuando encuentre al jardinero le hablaré de ti, para que venga a conocerte.

La niña sonrió.

—Cuida del aprendiz –dijo el joven recuperando la alegría–, para que él pueda cuidar del jardín.

—No te preocupes –dijo la niña con una expresión solemne–. Yo cuidaré de él.

El joven observó con atención el rostro de la niña, como intentando quedarse con aquella profunda mirada en su corazón. Luego, le acarició el cabello y, poniéndose en pie, retomó el sendero.

Ya no volvió la vista atrás. El mundo se abría ante él en el sendero de los locos, pleno de paisajes increíbles, de gentes jamás soñadas, de aventuras maravillosas…

Lo volvía a dejar todo detrás de él, todo lo que amaba, todo lo que le sujetaba a un lugar, para ir en pos del conocimiento, de la sabiduría.

Las gentes del mundo pensarían que estaba loco, pero la Vida le había señalado como uno de sus elegidos.

Todos

La niña de los ojos negros cruzó corriendo el claro que se abría al Manantial de las Miradas y de un salto se encaramó a la piedra de la alberca. Se apartó delicadamente el cabello de la frente y contempló durante largo rato sus ojos en el espejo de las aguas.

Después, en un susurro, sus labios desgranaron las palabras como en una lenta letanía.

—Ahí esta todo…: el jardín y las hadas, el jardinero y el aprendiz, el joven soñador y mi amigo el viejo médico…, las mariposas, las amapolas, el olivo y la cabaña, el estanque con sus ondas… y los peces…, el cielo, las nubes, el Sol y la Luna… «¡y el universo lleno de estrellas!».

Una bellísima sonrisa se reflejó en el agua, y su vocecilla, resonando en el manantial como el eco de una promesa, pronunció con claridad:

—No os preocupéis. Yo os cuidaré a todos.

Índice